BUZZ

© 2020 Buzz Editora
© 2018 Brendan Kane

Título original *One Million Followers*
Publicado originalmente em inglês pela BenBella Books

Publisher ANDERSON CAVALCANTE
Editoras SIMONE PAULINO e LUISA TIEPPO
Assistente editorial JOÃO LUCAS Z. KOSCE
Projeto gráfico ESTÚDIO GRIFO
Assistentes de design FELIPE REGIS
Tradução ROBERTO GREY
Preparação JULIANA RODRIGUES
Revisão BIANCA DE ANDRADE, BRUNA PARONI E MILENA VARALLO

Dados Internacionais de Catalogação na Publicação (CIP)
de acordo com ISBD

K16m
 Kane, Brendan
 Um milhão de seguidores: como construir uma rede social impactante em pouco tempo / Brendan Kane
 São Paulo: Buzz, 2020
 240 pp.

ISBN 978-65-80435-38-8

1. Marketing digital I. Título.

| 2020-97 | CDD-158.1 / CDU-159.947 |

Elaborado por Vagner Rodolfo da Silva CRB-8/9410

Índices para catálogo sistemático:
1. Autoajuda 158.1
2. Autoajuda 159.947

Todos os direitos reservados à:
Buzz Editora Ltda.
Av. Paulista, 726 – mezanino
Cep: 01310-100 São Paulo, SP
[55 11] 4171 2317
[55 11] 4171 2318
contato@buzzeditora.com.br
www.buzzeditora.com.br

BRENDAN KANE

UM MILHÃO DE SEGUIDORES

COMO CONSTRUIR UMA REDE SOCIAL IMPACTANTE EM POUCO TEMPO

10 **SEJA OUVIDO**
Prince EA

14 **INTRODUÇÃO**
O impacto de conquistar um milhão de seguidores no mundo

29 **1**
Como conquistei um milhão de seguidores

51 **2**
Escolha o seu público-alvo

71 **3**
Escolha uma mensagem para as massas

91 **4**
Faça ajustes finos por meio de testes nas mídias sociais

107 **5**
Crie conteúdo compartilhável no Facebook

131	**6**	Alianças estratégicas
149	**7**	Globalize-se (uma oportunidade)
165	**8**	Conquistando influência no Instagram
182	**9**	Impulsionadores de crescimento no YouTube
197	**10**	As realidades do Snapchat
208	**11**	Crescimento substancial dos negócios com o LinkedIn
222	**12**	Persistência
235	**AGRADECIMENTOS**	

SEJA OUVIDO

Você foi feito para viver o sonho que existe dentro de você.
Toda pessoa neste mundo tem um dom.
Os sonhos são seu guia.

Você tem coragem de assumir seu sonho?
Eu sei que tem.
Vejo você pronto a dar uma risada.
Para provocar um impacto durável, positivo e importante no mundo,
só é preciso um plano.

Tire proveito das mídias sociais.
Compartilhar mensagens e produtos poderosos é preciso, chegou a hora,
chega de desculpas.

Você pode mesmo transformar o mundo com seu recado e conteúdo,
não está fora de alcance,
o livro do meu amigo Brendan Kane mostra e ensina.

Não importa onde você estiver no mundo –
nos EUA, México, Brasil, Austrália, Índia, Inglaterra e além –
os poderosos gênios neste livro te darão as ferramentas –
o condão mágico.

Verdade!
Eu prometo.
Inspire-se e siga os próprios sonhos.
Nada está fora do seu alcance,
mesmo o que parece
estar,
acredite em mim.

Neste livro estão os conselhos dos maiores cérebros de marketing
    do planeta.
Eles vão ajudá-lo a conhecer as estratégias, oportunidades e parcerias

que você quer alcançar.
Você terá o que quiser e o que precisa
para ser um empresário de sucesso.

Esses peritos sabem como espalhar suas mensagens pelo mundo,
e compartilham esse saber contigo.
Depois de ler este livro você terá impactantes estratégias digitais
e a técnica de criar um público
para espalhar suas mensagens pelo mundo e dar um passo a mais
para transformá-lo.

Sejam quais forem seus sonhos
... de se tornar orador, poeta, modelo, ator, influenciador digital,
empresário de nova empresa tecnológica, varejista, humorista,
   ou até mais, você pode conseguir.
Este livro o ajudará a acreditar.

Você é criativo, independente, inovador, capaz de criar laços.
Precisa só de informação para ter prestígio e credibilidade
que, na sociedade atual,
é de lei.

Pegue seus dons e os transforme em sonhos,
a informação está aqui,
simples e clara.

Confio em você,
leia este livro,
siga suas pérolas e veja seus sonhos virarem realidade.
É necessário, valioso, e lhe será absolutamente útil.

Se você der atenção a seus sonhos,
Não imagina o que você pode alcançar.
Quer meu conselho?

Comece a ler este livro agora e absorva o máximo possível
de conhecimento.

Mergulhe nele e conheça mais.
Pegue seus dons e aprenda a prosperar,
aproveitando as mídias sociais para transformar o mundo.

Não há ninguém igual a você,
você não pode ser substituído.
Por isso saia do buraco e se faça conhecer.

PRINCE EA, rapper norte-americano

INTRODUÇÃO

O IMPACTO DE CONQUISTAR UM MILHÃO DE SEGUIDORES NO MUNDO

Se você tem algo a oferecer – seja lá talentos musicais, artísticos, esportivos, ou até a criação de uma marca ou uma empresa nova – e sabe como mobilizar plataformas digitais e sociais, será capaz de alcançar milhões, até mesmo centenas de milhões de pessoas no mundo todo, em pouco tempo. Foi assim que influenciadores digitais decolaram e, em alguns casos, cresceram mais até que celebridades consagradas, em questão de anos. Começaram em casa ligando uma câmera e falando diante dela, compartilhando originalidade. Por meio das estratégias certas, praticamente qualquer um consegue criar um enorme público global.

Justin Bieber é o exemplo perfeito de alguém que dominou intuitivamente o poder da mídia digital. Começou criando vídeos de si mesmo no YouTube, fazendo cover de canções já populares na época, e tornou-se um dos maiores fenômenos do planeta. Não precisou fazer nada de especialmente inovador. Enxergou apenas a oportunidade de capitalizar o que já vinha fazendo, e agiu. O segredo de Justin foi uma combinação de seu talento como cantor, que tocava emocionalmente as pessoas, e sua aptidão em se ligar às canções já buscadas pelo público na plataforma, o que o tornou relevante para a audiência.

Era uma mensagem oportuna e emocional que repercutia entre as pessoas e as fazia querer compartilhar. E, graças ao público que o ajudou a espalhar essa mensagem, ele acabou chamando a atenção dos produtores, dos selos de gravadoras e dos agentes, que o lançaram ao estrelato. Em certo momento, chegou a ser disputado por Justin Timberlake e Usher, ambos competindo com propostas de contrato. Tudo por causa da presença nas mídias sociais e da habilidade em atrair milhões de pessoas no mundo inteiro para ver, se interessar e compartilhar os vídeos. Começou apenas como desconhecido de talento – como muitos de vocês que estão lendo este livro.

Todos nós temos aspectos que nos tornam únicos, merecedores de inspirar os outros. E imagino que, por ser leitor deste livro, você provavelmente é alguém que acredita ter algo a oferecer, e quer provocar impacto. No entanto, a questão principal hoje em dia é que quase *todo mundo* quer provocar impacto, de maneira que vai ficando cada vez mais difícil ser ouvido nesta sociedade cada vez mais globalizada. Há mais de 60 bilhões de mensagens compartilhadas diariamente, só nas plataformas móveis. Então, como é possível chamar atenção e despertar nas pessoas a vontade de ouvi-lo?

Muita gente imagina que basta postar ou destacar alguma mensagem no Facebook, Instagram ou Snapchat. Mas não é só isso. É preciso saber o motivo pelo qual as pessoas quererem compartilhá-la. Quando alguém compartilha uma mensagem sua, automaticamente sua presença e alcance crescem exponencialmente – atingindo a centenas de seus amigos, e podem também atingir os amigos dos seus amigos. É a rapidez de compartilhamento do seu conteúdo que dita o êxito do seu crescimento orgânico. E também significa que quanto mais as pessoas compartilharem, mais rápido você cresce.

É preciso aprender como maximizar o potencial das massas para promover a sua marca ou os seus produtos – algo que abordarei passo a passo neste livro, com dicas e exemplos. Com experiência de mais de 10 anos como estrategista digital e de negócios para celebridades, marcas, e algumas das quinhentas maiores empresas do mundo, segundo a revista *Fortune*, e aproveitando a rede global e minha técnica para ajudar os clientes a subir, expandir e acelerar o seu alcance, quero ajudá-lo a se tornar perito em fazer as pessoas se interessarem pelo que você tem a dizer. Existem pessoas que me chamam de *hacker* [acelerador] de crescimento, para tomar emprestado o termo de Sean Ellis, porém me considero um estrategista empresarial. Minha missão é ajudar a atingir seus objetivos pessoais e empresariais, o mais rápido possível. Na maior parte, consegue-se isso ajudando os clientes a maximizar o potencial do conteúdo que eles têm, induzindo os outros a compartilhá-lo junto com a sua marca, e mais, acelerando o compartilhamento boca a boca.

No entanto, as pessoas possuem diversos objetivos, razão pela qual ao pesquisar e preparar este livro procurei os amigos do setor e os melhores cérebros mundiais quanto ao assunto desenvolvimento, para que também explicassem detalhadamente cada uma de suas estratégias. Quero proporcionar a melhor informação e as melhores técnicas disponíveis para a realização de *seus* objetivos específicos. Este livro lhe dará acesso aos melhores cérebros e peritos em cada aspecto do crescimento digital e das mídias sociais. Se você quiser crescer até obter 1 milhão de seguidores no Facebook, criar uma grande quantidade de seguidores no YouTube ou Instagram, ou vender milhões de dólares[1] de produtos on-line, toda a informação está aqui, esperando que você aproveite.

O QUE APRENDI TRABALHANDO COM TAYLOR SWIFT

Nos últimos anos, foquei totalmente nos testes e otimização de conteúdo, dados, análises, e mídia paga, na intenção de ajudar celebridades, atletas e empresas de mídia a expandir rápido o alcance e público. Foram anos de experiências e observação até obter o tipo de resultado que tenho agora, mas acredito que tudo começou com o que aprendi trabalhando com Taylor Swift. O tempo que passei com ela me permitiu aprender a força das plataformas digitais e sociais e como alcançá-la.

O fascinante em Taylor é que ela criou sua própria marca, música e estrelato. Começou com uma simples página no Myspace, onde lançou uma plataforma que promovia um contato direto com os fãs, ao compreender intuitivamente que isso iria acelerar o alcance de sua marca. Ela respondia pessoalmente a cada comentário recebido na plataforma. E atendia a cada pedido de foto ou autógrafo.

Taylor chegou até a fazer um encontro de treze horas com os fãs – que acabou se estendendo para dezessete horas – em que autografou e tirou selfies com 3 mil deles. Ela sabia que cada um que entrasse na fila para ganhar uma foto ou autógrafo seria um fã – e promotor da marca – a vida inteira. Esses promotores espalhariam a sua música e mensagem para os amigos. A despeito de Taylor ter conhecido pessoalmente apenas 3 mil fãs, provavelmente alcançou cerca de 100 mil pessoas nesse dia. Cada interação não se limitou apenas àquele único momento: os fãs não só contariam aos amigos, como postariam as imagens, os autógrafos e os

---

1 Optamos por manter os valores em dólar na edição brasileira para garantir a conversão dos valores de acordo com o país em que cada leitor poderá fazer suas campanhas nas redes sociais. [N. E.]

vídeos que haviam feito no evento, em suas próprias redes sociais. O usuário médio do Facebook tem 338 amigos, por isso, se cada um dos fãs compartilhasse suas imagens, ela alcançaria potencialmente 1.014.000 pessoas. Os fãs sairiam dali fazendo propaganda. Contariam aos amigos e conhecidos: "Amo Taylor Swift!" ou "Acabei de ganhar essa superfoto ou autógrafo".

Taylor ainda arranja tempo para esse tipo de evento. Ela vai a festas de aniversário, casamentos e chás de panela dos fãs. Em 2014, apareceu na casa de vários fãs levando presentes de Natal, e mais de 18 milhões de pessoas assistiram à entrega desses presentes. Em 2017, ela convidou um grupo seleto de fãs às suas casas em Londres, Los Angeles, Nashville e Rhode Island, para a audição de seu sexto disco, *Reputation*. Esse tipo de evento é a maneira dela de retribuir, e ainda despertar enorme atenção e interesse dos fãs.

Nesse caso, tudo isso funciona porque ela é autêntica. Não faz apenas para manipular o sistema. Não só é inteligente e talentosa, mas dá valor ao tempo dos fãs. Tem bom coração. E é isso que tem fomentado a fidelidade à marca, que se espalha como fogo no mato seco.

No entanto, Taylor só pode estar presente em cada um desses lugares uma vez. No início da carreira, morava em Nashville. Embora pudesse estar nesse local para dar autógrafos e conhecer 3 mil fãs, nem sempre dava para arranjar tempo para os de outros lugares no mundo. Seus fãs de Nova York, Londres, China, Hong Kong, Índia e Japão ficavam sem conhecê-la. Contudo, focar na presença on-line permitia que ela se conectasse com gente no mundo inteiro – e rápido.

Antes de conhecer a minha equipe, Taylor havia gasto cerca de 75 mil a 150 mil dólares em um website de armazenamento totalmente em Flash, que precisava de dois dias para ser atualizado. Quando verifiquei os indicadores, vi que as pessoas passavam menos de trinta segundos no site, e 90% delas saiam da *home page* assim que chegava. Eu queria que Taylor maximizasse o potencial do seu website, que voltasse à ideia fundamental de sua marca – interações diretas. Com a estratégia certa, ela conseguiria aproveitar melhor o seu site para intensificar as conexões entre os seus fãs.

Meu argumento era que por meio da plataforma que a minha equipe desenvolveria, poderíamos criar um site inteiramente novo para ela, dentro de suas especificações, em seis horas. Mostrei-lhe como podíamos trocar dinamicamente qualquer elemento do website em tempo real. Ela poderia mudar o fundo, mover e trocar de navegação, e controlar cada elemento daquele site, o que lhe dava o potencial e a criatividade para fazer evoluir constantemente e como quisesse a maneira de se comunicar com os fãs. Por exemplo, toda vez que lançasse um novo álbum, poderia redesenhar o site inteiro dentro de minutos, para combinar com a estética do lançamento.

Essa capacidade de mudar o site rapidamente permitia incrementar um contato mais intenso com os fãs, a possibilidade de se expressar como quisesse, quando quisesse, do mesmo modo que foi capaz de fazer no Myspace, no início da carreira. No decorrer de 2 anos, utilizando a plataforma criada pela minha equipe, além de algumas brilhantes plataformas especializadas na criação de comunidades, às quais nos associamos, aumentamos juntos o tempo anteriormente gasto pelos fãs no site, que era de menos de trinta segundos, para mais de vinte e dois minutos. Como aumentamos tanto o tempo gasto no site? Dando aos fãs um motivo para permanecer nele. Facilitamos a comunicação entre os fãs porque percebemos que a própria Taylor só podia falar com alguns deles de cada vez. Assim, criamos uma comunidade em que todos podiam se comunicar *entre si* sobre o amor que sentiam por Taylor e sua música.

Criamos também um sistema em que os fãs pudessem transformar os seus perfis do Facebook em fanpanges de Taylor Swift, em menos de sessenta segundos. O sistema extraía automaticamente os nomes e fotos dos fãs, junto com as fotos e capas dos lançamentos de Taylor, de modo que fãs podiam ter suas próprias fanpages. Estas foram criadas com a mesma tecnologia da plataforma que usamos no site de Taylor, de modo que os fãs pudessem adaptar e personalizar todos os elementos de um fã-clube. As pessoas se sentiam conectadas com Taylor, como se fizessem parte da equipe dela – podiam usar a mesma plataforma que ela usava, pegar qualquer aspecto dela e recriar por conta própria. Em poucos meses, mais de 35 mil fanpages haviam sido criadas, utilizando essa plataforma. Não tenho os números exatos, mas estou certo de que foi um recorde na época.

Ser testemunha de como o incremento de conexões mais estreitas com os fãs funcionou bem para a marca de Taylor, plantou uma semente na minha cabeça. Aprendi que se os fãs se sentissem conectados, ficavam dispostos a compartilhar o conteúdo, as mensagens e os produtos com todos os conhecidos. Depois que percebi essa força, isso se tornou uma parte essencial de toda minha abordagem. Percebi que não é preciso gastar milhões de dólares em marketing para atingir as massas – basta fazer as pessoas compartilhar a sua mensagem.

NEM TODO MUNDO PODE SER TAYLOR SWIFT: E ESTÁ TUDO BEM

Desde muito cedo, sempre quis ter acesso a celebridades e pessoas muito importantes, executivos, atletas e empresários. Ingressei na faculdade de cinema. Adorava o cinema e queria aprender como produzi-lo, e sobre o lado empresarial da indústria de entretenimento.

Compreendi rápido que eles não ensinam nada sobre administração na faculdade de cinema, por isso pensei que a melhor maneira de aprender era começar o próprio negócio. A maneira mais eficiente e de baixo custo na época, e ainda hoje, era criar negócios on-line. Por isso criei algumas firmas na internet, enquanto frequentava a universidade, para aprender e ter verdadeira experiência. Quando me mudei para Los Angeles em 2005, para seguir carreira no cinema, a indústria de entretenimento voltara a abrir os olhos para o mundo digital, depois da crise da bolha da internet. Eu aproveitei meus conhecimentos na criação dessas companhias para aproveitar a brecha profissional, entrar e criar contatos e projetos. Acabei gerenciando os departamentos digitais de dois estúdios de cinema. Fiz de tudo, desde a criação de campanhas digitais de marketing e dar um jeito de comercializar o catálogo de filmes, até chegar a trabalhar diretamente com atores e diretores para melhorar a distribuição on-line de suas marcas.

Finalmente, quis me diversificar e virar eu mesmo empresário. Experimentei a tecnologia, construindo plataformas digitais cujos direitos vendi para a MTV/Viacom, Yahoo, Lionsgate, *Vice* Magazine e MGM. Então, mergulhei no mundo da mídia paga, ajudando a criar uma das maiores companhias de otimização social do mundo, gerenciando cerca de 70 milhões de dólares ao ano em investimentos nessa mídia, da parte de algumas das quinhentas maiores empresas do mundo, segundo a lista da *Fortune*.

Minha experiência diversificada no passado me deu a oportunidade de trabalhar em projetos para alguns dos nomes mais célebres do mundo – Taylor Swift, Jason Statham, Rihanna, Katie Couric, e as empresas já mencionadas. Trabalhar com esses gigantes sempre despertou minha curiosidade e motivação para conhecer o que é preciso para ter sucesso, tornar-se uma estrela ou nome ultraconhecido.

Depois de 10 anos auxiliando celebridades, marcas e corporações a atingir um grande público, comecei a pensar se minhas ideias e técnicas podiam ser aplicadas a alguém que estivesse começando do zero. Por isso imaginei uma experiência para determinar se alguém que nunca aparecera na televisão, no cinema ou na imprensa poderia acumular uma enorme quantidade de seguidores no mundo inteiro. A ideia básica é que se eu conseguisse fazê-lo com um completo desconhecido, então poderia ajudar *qualquer um* que tivesse algo a oferecer a acumular seguidores em massa e obter exposição na mídia. Poderia ajudar pessoas de valor a adquirir prestígio e credibilidade e levá-las a dar mais um passo na conquista de seus sonhos.

Ao pensar em quem eu escolheria para esta tarefa, percebi que eu seria o candidato perfeito: não era famoso; nunca aparecera na televisão, cinema ou imprensa; e não fizera nada (ainda) que a sociedade julgasse ser "legal". Eu era apenas um cara comum que achava divertido contatar gente mundo afora. Por isso, em junho de 2017, dei início à minha experiência. Eu aprendera a perceber, depois de mais de 10 anos de prática na mídia digital e social, quão rápido eu poderia conseguir que pessoas reais no mundo todo seguissem a minha página no Facebook.

Para meu espanto, ao chegar julho – ou seja, em menos de um mês – eu consegui mais de 1 milhão de seguidores em mais de cem países. Eu não conhecia essas pessoas e elas com certeza não me conheciam antes dessa experiência. Quando vi a quantidade de curtidas na tela do computador, não acreditei no que estava acontecendo. Não é que eu não considerasse um número possível – eu conseguira esse tipo de adesão para meus clientes, mas eles eram grandes celebridades e empresas de muito destaque na sociedade. O que me espantou era que eu, Brendan Kane, um estrategista digital que vive nos bastidores (ou colado na tela), pudesse, praticamente sem nenhuma plataforma, tornar-se uma figura conhecida no mundo inteiro. Consegui provocar um grande impacto em pouco tempo.

O fato de eu não ser astro de rock, ator ou de modo algum alguém notável e, ainda assim, ser capaz de reunir 1 milhão de pessoas no mundo todo para me seguir, é algo estranho, poderoso e admirável. Faz-me sentir muita responsabilidade e me trouxe na vida experiências novas e interessantes. Recebi desde mensagens dizendo como eu era amado pelas pessoas e servi de inspiração para elas, até ameaças de morte e declarações de ódio quando compartilhei conteúdo político que não combinava com as visões de mundo de parte de meu público.

Mas não me considero *ainda* celebridade, nem mesmo um formador de opinião – eu literalmente criei esses seguidores em trinta dias, o que é muito diferente de levar anos para fazê-lo. Não o fiz para ficar famoso, e sim como uma experiência social para ver se era possível, e para compreender o máximo de impacto que ela teria. E, precisamente, para compartilhar a minha experiência e conhecimento com vocês. Se eu tivesse levado a sério o fato de me tornar famoso, teria investido uma tremenda energia no trabalho de acompanhamento para criar e promover a minha marca, e os contatos com meus seguidores recentes. Quero frisar que a criação de um grande público e de verdadeiros fãs entusiasmados requer um tempo enorme, energia e trabalho.

Tudo se resume ao fato de que se eu pude fazê-lo, *você* pode fazer também. Este livro o ensinará como. Com estas ferramentas, você pode dar mais um passo para a realização dos seus sonhos.

COMO REALIZAR SUAS ASPIRAÇÕES PROFISSIONAIS O MAIS RÁPIDO POSSÍVEL

Há pouco tempo eu trabalhava com uma atriz iniciante em Los Angeles. Embora muito talentosa, ela é apenas uma desconhecida com poucos créditos. Perguntei a ela como iam suas audições e ela explicou que teve uma reunião com um dos principais diretores de elenco de Hollywood, que lhe disse que seu portfólio era muito bom e ela uma excelente atriz, mas se quisesse fazer um grande favor a ela mesma e a ele, deveria ter dezenas de milhares de seguidores no Twitter. Apesar da quantidade de seguidores no Twitter não ter relação nenhuma com o fato de ser boa atriz, isso pesaria na hora dos produtores decidirem a contratação.

O valor de ter muitos seguidores não se aplica só aos desconhecidos. Ainda vale numa escalas superior também. Sophie Turner, atriz de *Game of Thrones,* explica que ela foi escolhida para alguns papéis em detrimento de atrizes melhores do que ela, porque tinha mais seguidores. Numa entrevista na revista *Porter,* ela afirma: "Fiz uma audição para um projeto e a decisão acabou ficando entre mim e outra garota, que é, de longe, muito melhor atriz que eu. Mas como eu tinha os seguidores, fiquei com o trabalho. Isso não está certo, mas faz parte da indústria cinematográfica atual".[2]

E os resultados quantitativos das mídias sociais não são apenas desejáveis para os indivíduos – eles também se aplicam às marcas. De acordo com um estudo da Faculdade de Administração da Wharton School, a popularidade nas mídias sociais demonstra a capacidade de uma nova empresa criar a sua própria marca, integrar o feedback dos consumidores, e atrair um determinado grupo de consumidores. Portanto, alguns investidores os levam em conta na hora de resolver em que investir.[3]

Já constatei na minha própria vida a diferença que uma multidão de fãs é capaz de fazer no seu conceito profissional. Consegui aproveitar

---

[2] Naomi Gordon, "Sophie Turner Says She Landed A Role Over A 'Far Better Actress' Because She Had More Social Media Followers", Disponível (em inglês) em: <http://www.esquire.com/uk/culture/news/a16489/sophie-turner-role-better-actress-social-media>. Acesso em: 10 de fevereiro de 2020.

[3] Fuji Jin, Andy Wu e Lorin Hitt, "Social Is the New Financial: How Startup Social Media Activity Influences Funding Outcomes", Pensilvânia: Wharton School, Universidade da Pensilvânia, 7 de fevereiro de 2017. Disponível (em inglês) em: <https://mackinstitute.wharton.upenn.edu/wp-content/uploads/2017/03/FP0331_WP_Feb2017.pdf>. Acesso em: 10 de fevereiro de 2020.

esse aumento de público nos meus próprios negócios. Fui capaz de obter mais clientes e parcerias. Levaram-me à Suécia para dar palestras e fazer workshops na sede mundial da IKEA. Tive a oportunidade de falar em eventos como a Cúpula da Rede, em Portugal, a maior conferência de tecnologia do mundo, diante de uma plateia de 70 mil participantes, com palestrantes do nível de Al Gore, Elon Musk, Bono, Werner Vogels (diretor-chefe de tecnologia e vice-presidente da Amazon), e Dustin Moskovitz (cofundador do Facebook).

Os dados de mídias sociais estão se tornando cada vez mais importantes e podem ter um efeito enorme na capacidade de acesso ao ambiente certo e criação de parcerias importantes. A boa-nova é que não é preciso ser um mega-astro para expandir. Olhem para mim – eu não estou em *Game of Thrones,* nem sou cantor de talento. No fundo comecei com pouco ou nenhum público nas mídias sociais, que foi exatamente o que me levou a escrever este livro. Quero lhes dar acesso às melhores estratégias de crescimento, seja qual for o seu nível de influência (ou a ausência total dele). Não desgrudem deste livro até o fim, porque com certeza terão uma boa ideia de como conquistar rápido as suas aspirações profissionais.

A MANEIRA COMUM

Antes que eu criasse o meu sistema, algumas pessoas (além de casos atípicos, como Justin Bieber) descobriram como obter influência. Ótimo, mas o problema é que a maioria não tem uma estratégia por trás de seus métodos – e as pessoas que têm geralmente guardam segredo. Aquelas que não têm estratégia procuram apenas postar conteúdo, na esperança de que pegue e viralize, e, em raros casos, algumas delas têm sorte. Mas a maioria, no entanto, se dá mal. Sem estratégia, só lhes resta imaginar que a sorte as carregará para frente. Mas até se você tiver boa sorte e apenas com o uso de postagem orgânica, levará pelo menos alguns anos até conseguir uma boa quantidade de seguidores. Sejamos francos, a maioria simplesmente não pode dispor desse tempo. O mundo gira depressa e precisamos acertar o passo para desenvolver o quanto antes o potencial máximo dos talentos de que dispomos.

Em virtude da velocidade estonteante do mundo moderno, todos querem resultados rápidos, o que leva muita gente a utilizar a mídia paga. Eles acham que é fácil comprar a atenção dos fãs e clientes. Procuram incrementar suas postagens ou gerenciar a propaganda na colocação de matérias pagas no Facebook e Instagram. É verdade que estas táticas têm um papel de fato na minha estratégia, mas quem as usa sem planejamento consistente jamais obtém o impacto esperado. Acaba saindo caro e sendo frustrante. Darão com a cara na porta ao focar no elemento que consideram atraente, em detrimento do que realmente irá provocar reações emocionais.

Uma das marcas com que eu trabalhei, Skechers, gastou centenas de milhares de dólares usando imagens e conteúdo em vídeos que funcionavam na imprensa e televisão, e que procurou reaproveitar em plataformas sociais e digitais. Infelizmente, a coisa não é fácil assim. Em apenas duas semanas trabalhando para a Skechers, ajudei-os a superar o desempenho de 13 anos de atuação articulada dos seus vídeos em todas as páginas da marca no Facebook. Mas imaginem: se para as grandes marcas, que contam com equipes de pesquisa, é tão difícil resolver o problema, como pode alguém pretender resolvê-lo sozinho?

Provavelmente por causa dessa frustração, as pessoas vêm recorrendo a outra tática: comprar seguidores falsos. É uma prática que não recomendo por ser desonesta e errada. Em um primeiro momento pode fortalecer o seu conceito, mas não é sustentável. E se for descoberta, acaba com a sua credibilidade. Sim, as pessoas descobrirão. Há tantas maneiras de descobrir hoje em dia. Não vale a pena correr o risco de manchar sua reputação. Além disso, você não aprenderá realmente nada sobre o seu conteúdo e sua mensagem, e não obterá informações importantes para criar popularidade duradoura e sustentável.

E, no frigir dos ovos, quem eu realmente gosto de ajudar são as numerosas pessoas que já investiram centenas, e até milhares de dólares em cursos on-line dados por "peritos" nas mídias sociais. Infelizmente, muitos cursos como esses estão cheios de conselhos vazios como "seja autêntico" ou "interessante". Apesar de clichês como esses serem possivelmente verdade, não ensinam *como* agir. Você continua sem um sistema que lhe dê as ferramentas para descobrir como ser desta maneira, e como trabalhar para obter este objetivo. É exatamente isso o que compartilharei neste livro.

O SISTEMA QUE CRIEI

Além da criação de uma conexão direta para aumentar depressa o número de fãs e criar mensagens que toquem o seu público emocionalmente, outro referencial de meu método são os testes. Neste livro você descobrirá como fazer testes para descobrir as melhores estratégias para levar as pessoas a compartilhar a sua mensagem. Deste modo, conquistará fãs dentro de meses, em vez de anos.

É usando minha metodologia específica de testes, e aproveitando de forma inteligente a mídia paga, que você irá crescer de modo significativo e criar rápida e realmente grande público e prestígio. Terá um sistema que o ajudará a aprender o que funciona e o que não funciona. No fim, obterá dados importantes e úteis para os seus negócios e o desenvolvimento de sua marca.

Mas, antes de continuar a leitura, quero preveni-lo que se trata de um sistema que requer trabalho. E não apenas o trabalho de criar seguidores, mas também, o que é mais importante, na maneira de conservar a fidelidade dos seguidores e propagadores de sua marca. É preciso estar preparado para passar por um processo de tentativa e erro, fazer mudanças e, o mais importante, errar. Eu nunca testo apenas uma variável do conteúdo; testo centenas, até mesmo milhares de variáveis. Levo o tempo que for preciso para testar as variáveis até descobrir a que funciona. E você precisa estar preparado para fazer o mesmo, se quiser ter sucesso.

Além do mais, é assim que se cria qualquer coisa de qualidade. O motivo de o Facebook fazer tanto sucesso é porque o seu modelo (e o modelo do Vale do Silício em geral) se baseia no princípio de "fracassar bastante e fracassar depressa". Tem gente que até diz "fracassar mais depressa", porque é esta a única maneira de aprender. É testando, aprendendo, ficando aquém, que você finalmente será bem-sucedido.

Há muita gente que gasta tempo e dinheiro em demasia testando apenas um único elemento do conteúdo. Estes investirão todos os seus recursos em uma imagem ou vídeo, que compartilham on-line e esperam que funcionem magicamente. Infelizmente, nem sempre é assim, e as mensagens sociais mudam muito rápido – você não terá esse tempo todo para jogar fora. Já trabalhei com empresas que gastaram milhões de dólares na promoção de um único elemento do conteúdo, que acaba falhando e deixando de envolver o seu público. É um dos meus motivos principais na criação deste sistema. É preciso testar tantas variáveis de algum elemento do conteúdo quanto for necessário, junto ao público principal, e estar disposto a fazer modificações nessas variáveis quando a mensagem não for bem acolhida. Essa é a dura verdade. A única vez em que isso talvez não seja necessário é quando se trata de um gênio criativo, como o amigo e colaborador Prince EA. Ele é músico, poeta, ativista, orador, diretor e criador de conteúdo que já conseguiu mais de 2 bilhões de visualizações nos últimos 2 anos. Consegue mudar o conteúdo rápido e com facilidade, mas o restante das pessoas, quer dizer, os 99,9% como nós que habitamos este mundo, precisa investir em tempo e testes.

Vou percorrer com você a criação de hipóteses de conteúdo, testes A/B, variáveis de conteúdo, títulos que chamam atenção, grupos-alvo, resultados dos testes e estratégias para o compartilhamento. Um passeio profundo o fará percorrer todos esses processos e mais, nos próximos capítulos. Você também aprenderá a sabedoria do estudo de casos de ex-clientes e dos meus parceiros mais antenados.

O que vai funcionar será diferente em relação a cada leitor deste livro. Não acredito em modelo tamanho único no caso do crescimento e da estratégia digital. Por isso fui procurar os maiores cérebros do mundo – não queria apenas lhe proporcionar a minha estratégia de crescimento, mas lhe dar também outras opções para que pudesse escolher a que desse mais certo. Então, depois de compreender as estratégias esboçadas e discutidas nos capítulos seguintes, você será capaz de criar o seu modelo próprio, e ter resultados duradouros. Depois de terminar este livro, compreenderá as melhores maneiras de alavancar quem você é, e o que você é, para causar impacto e alcançar suas metas o mais depressa possível.

Neste livro você encontrará algumas das melhores estratégias e descobertas para reformular a maneira como os indivíduos, marcas e companhias criam laços com os fãs. Você terá finalmente um sistema que lhe dá a capacidade de alcançar suas metas e aspirações profissionais. Para acessar informações complementares a este livro, procure, por favor, a nossa série de vídeos em www.optin.tv ou envie diretamente um e-mail para b@optin.tv.

O processo começa com a compreensão dos detalhes dos testes de conteúdo. Depois de dominar esse conhecimento, você dará dez passos adiante para obter um maior número de fãs e expor bem o seu conteúdo, mais do que a maioria das pessoas por aí. Então vamos começar por aqui, com o passo fundamental de aprender como maximizar o potencial de seu conteúdo e criar depressa mais fãs.

1

COMO CONQUISTEI UM MILHÃO DE SEGUIDORES

Apesar de parecer uma tarefa absurda, criar uma multidão de seguidores nas redes sociais em trinta dias, ou menos, é possível. Mas primeiro deixe-me frisar que a verdadeira importância deste capítulo – e livro – não é apenas o modo como conquistei 1 milhão de seguidores. Para ser totalmente sincero, usei um dispositivo de crescimento que explicarei neste capítulo. Porém, não quero dar a ideia que é preciso depender demasiadamente de truques para crescer. É claro que podem ajudar, mas sem as demais estratégias, mapas mentais e processos compartilhados neste livro, você não se tornará um grande astro em termos de criação de conteúdo. Pode ter êxito em conseguir público, mas não criará uma presença duradoura. Pergunte a qualquer um que teve sucesso digital e ele dirá que o *conteúdo* é indubitavelmente o fator crítico do crescimento e do recrutamento de grandes plateias. Então, mantenha isso em mente enquanto explico como conquistei 1 milhão de seguidores.

O ponto principal para ampliar seus seguidores é a agilidade na produção de conteúdo, testagem e mensuração da reação das pessoas ao seu conteúdo, em tempo real. Trata-se de uma bela estratégia para quem não tem 3 ou 4 anos para investir na construção da sua plataforma, porque isso lhe dá prestígio e credibilidade imediatos para se destacar logo. Criar público é relativamente fácil. Criar, sustentar e envolver esse público requer horas extras de trabalho duro.

É preciso aceitar esse fato antes de entrar no assunto. É possível conquistar muitos fãs rapidamente, mas criar uma presença viva e duradoura requer a compreensão da testagem, do envio de mensagens e das estratégias de conteúdo, que os capítulos seguintes vão mostrar. Estes estão repletos de conselhos dos maiores cérebros do planeta sobre como ampliar ainda mais uma grande quantidade de seguidores e mantê-los empenhados.

AS TRÊS FASES DO PROCESSO

A pedra fundamental da minha metodologia para conquistar 1 milhão de seguidores consta de três passos:

CONJECTURAR
Definir logo a hipótese para o formato, história ou tema que atraia o público em torno de determinada mensagem.

TESTAR
Fazer um modelo barato do conceito ou mensagem, passível de ser testado e confirmado, e descobrir pelos resultados tudo que possa demonstrar o que funciona e o que não funciona.

ALTERAR
Se ficar demonstrado que sua hipótese está correta, invista mais nela. Se não for provado, repita rapidamente o processo com um novo formato, história ou tema.

Conjecturar, testar e alterar é o seu novo mantra. O modelo é simples – a parte difícil é descobrir o que testar e quando alterar. É preciso testar muitas variáveis para dispor de um gancho forte que prenda e mantenha a atenção das pessoas. Então, baseado nesses testes, pensar quais as variáveis que dão os melhores resultados e não parar de investir nelas. Ou, se nenhuma delas funciona, é preciso alterar – volte, crie uma nova hipótese, e comece o processo novamente.

Quando eu estava criando o milhão de seguidores, meu foco básico era ser reconhecido como liderança teórica, já que a minha verdadeira paixão era dar palestras e ensinar os outros. Como estrategista digital e de negócios, estou sempre testando conteúdos o máximo possível, para compreender o que dá e o que não dá certo para os meus clientes. Mas, quando estava criando seguidores, foquei minha marca em torno dos temas de liderança conceitual, ensino e postagens inspiradoras.

Uma das minhas experiências mais bem-sucedidas foi com podcasts. Eu *conjecturei* que criar podcasts seria uma grande saída pessoal para mim, porque havia aprendido muito sobre o assunto quando trabalhei com Katie Couric, algo que abordarei nos próximos capítulos. Basta dizer que eu já percebera a possibilidade básica de isolar e aproveitar (*reverse engineering*) os elementos dos podcasts do Facebook para ampliar rapidamente o público e o seu envolvimento. Fiz isso cortando pequenos trechos do áudio das entrevistas em podcast que eu fizera com alguns colegas e celebridades, transformando-os em vídeo, superpondo o áudio a uma imagem parada ou a um *slide show*, ou editando-o junto com um vídeo comum referente ao assunto de que tratávamos. Passando esse vídeo por vários testes, descobri que eu poderia atingir milhões de pessoas em *alguns dias* – a maioria dos melhores podcasts do mundo não consegue chegar a isso sequer em um mês. O truque é que não é preciso reinventar a roda. Olhe em volta e pegue emprestadas ideias que fazem parte dos sucessos dos outros.

O conteúdo do podcast que *testei* consistia em entrevistas com Justin Baldoni, ator principal do espetáculo de TV *Jane the Virgin;* Jeff King, perito em Process Communication Model (presente no terceiro capítulo); e Dr. Drew. Cortei o áudio da entrevista em três estilos de postagens de vídeos: (1) vídeos com uma única imagem e o áudio sobreposto a ela, (2) vídeos com múltiplas imagens sobre as quais era sobreposto o áudio, e (3) vídeos com sequências de imagens normais ou clips que encontrei on-line, que combinavam com o áudio sobreposto a eles. Em seguida testei todos esses clipes para ver qual deles estimulava maior compartilhamento e merecia vencer. Cortei por volta de três a dez audioclipes e criei vídeos originais para cada um. Partindo deles, criei de dez a cem variações de cada clipe (mais tarde explico melhor como ampliar depressa variações de conteúdo).

De longe, o melhor desempenho foram variações sobre a entrevista de Justin Baldoni. É um vídeo inspirador em que ele encoraja as pessoas a viver da melhor maneira possível, de acordo com as próprias aspirações. Ele também fala sobre como fazer opções para ter uma vida mais feliz e mais rica. *Percebi* a tremenda importância da mensagem do conteúdo (expressa pelo cabeçalho), e que a escolha da mensagem certa é uma grande influência para fazer as pessoas clicarem e compartilharem. Quero frisar que sou contra o caça-clique – o cabeçalho e a isca devem sempre corresponder ao conteúdo. Também percebi a verdadeira importância do aspecto visual. Um vídeo com sequências comuns representativa do áudio, ou o próprio vídeo da entrevista, tinha melhor desempenho do que uma única imagem. Além do mais, usar alguém com grande público que se pode visar e aproveitar, também desperta mais atenção – mas não necessariamente mais *envolvimento,* se o conteúdo não for consistente.

Além disso, compartilhei e testei várias citações inspiradoras – eu já vira outras pessoas, como Gary Vaynerchuk (empresário com 2,5 milhões de seguidores), fazer um grande sucesso com esse tipo de postagem. Algumas das citações que testei são de gente que eu admirava, como Steven Spielberg e Oprah, com quem compartilho pontos de vista. Depois de constatar os primeiros resultados positivos, mudei o foco e passei a utilizar minhas próprias citações, que hoje perfazem uma boa percentagem das minhas postagens. Percebi que citações sobrepostas a imagens funcionam muito bem, pois as pessoas gostam de interagir mental e visualmente com um conteúdo inspirador. Aqui, a vantagem das imagens sobre os vídeos é que é muito mais fácil fazer uma imagem de alta qualidade do que um vídeo. Existem muitas variáveis que fazem parte da criação de um grande vídeo: o tom, o ritmo, os primeiros três segundos, chamadas, titulagem, extensão e assim por diante. Com a foto, por outro lado, basta escolher a imagem certa, junto com a citação correta – que se resume à combinação de poucas variáveis para dar certo.

A estratégia a curto prazo é reparar nos testes e perceber o que funciona em tempo real. Esses resultados são a informação que dita o conteúdo a ser produzido em base semanal. Então, quando você passa a perceber as macrotendências que funcionam, é isso que vai orientar a sua estratégia a longo prazo, que precisa também ser conferida com a mensagem geral de sua marca. Por exemplo, como experiência testei vídeos de trotes e coisas engraçadas feitas por filhotes de gatos e cachorros, que viralizaram. Apesar de todos demonstrarem realmente bons resultados, decidi *partir para outra coisa* porque eles não combinavam com o tema da liderança em boas ideias, que era a minha marca. Veja bem, o tipo de conteúdo que causa repercussão no seu público é capaz de mudar ao longo do tempo. Examine suas estratégias de conteúdo, tanto a curto quanto ao longo prazo, veja como elas se relacionam entre si, e mude para o que funciona.

PORQUE O MEU SISTEMA FOCA NO FACEBOOK

O Facebook tem aparecido nos noticiários devido à preocupação pelo modo como utiliza os dados pessoais dos usuários. Quero tocar neste assunto e explicar por que escolho o uso do Facebook e creio na utilidade da plataforma. Como frisa Alexandra Samuel em seu relatório sobre a Cambridge Analytica em *The Verge*, a internet foi construída para capitalizar o livre compartilhamento de dados dos usuários.[4] Isto não mudará até que as empresas, consumidores e reguladores decidam adotar um novo modelo.

Existe também uma diferença entre o uso de dados para ajudar as pessoas e o uso para explorá-las. Criar *fake news* (com intenção maliciosa ou de manipulação) é algo irresponsável que não aconselho ninguém a fazer. Por outro lado, coletar dados que permitam aos marqueteiros compreender as necessidades dos seus clientes e conhecê-los melhor, pode servir para a criação de valor para os clientes em potencial.

À luz desse acontecido, talvez seja preciso mudar o modo de funcionamento dessas empresas e sistemas, especialmente em relação ao seu nível de transparência. Será interessante ver se um novo acordo ou modelo será criado como resultado disso. Nesse meio tempo, eu aconselho que vocês se sirvam dos dados que usam no Facebook, de modo ético e responsável, como faço na minha prática.

Como eu disse, depois de trabalhar com celebridades como Taylor Swift, aprendi que o maior segredo do sucesso em conquistar um grande público é fazer que as pessoas compartilhem a sua mensagem para você. Quanto mais gente compartilha o seu conteúdo, tanto mais rápido e barato fica ampliar o público. Optei por alcançar 1 milhão de seguidores no Facebook porque se trata da plataforma mais simpática e democrática, sem falar que é onde é mais fácil e rápido criar e seguir ampliando um público (veja mais sobre isso, a seguir). O Facebook é mais utilizado no compartilhamento de conteúdo do que qualquer outra plataforma social on-line.[5] A partir da minha experiência e de conversas

---

4   Alexandra Samuel, "The Shady Data-Gathering Tactics Used by Cambridge Analytica Were an Open Secret to On-line Marketers. I Know, Because I Was One", *The Verge*, 25 mar. 2018, Disponível (em inglês) em: <https://www.theverge.com/2018/3/25/17161726/facebook-cambridge-analytica-data-online-marketers>. Acesso em: 10 de fevereiro de 2020.
5   Jeff Bullas, "Do People Share More on Facebook or Twitter?", Disponível (em inglês) em: <http://www.jeffbullas.com/do-people-share-more-on-facebook-or-twitter>. Acesso em: 10 de fevereiro de 2020.

com os maiores cérebros do mundo em termos de marketing e mídias sociais, aprendi que se você tem um grande conteúdo, as pessoas o compartilham rápido no Facebook, maximizando a alavancagem potencial desse conteúdo.

O Facebook se presta mais facilmente ao crescimento do que outras plataformas, porque foi construído em torno do conceito de compartilhamento. Em outras plataformas, a capacidade de viralização se baseia muito mais nas classificações e nos algoritmos do SEO (*search engine optimization*). Sim, existem algoritmos em jogo no Facebook – falarei mais sobre eles na próxima seção –, mas se as pessoas compartilham o seu conteúdo, é muito mais fácil superar os algoritmos do que em plataformas como YouTube, Snapchat e Instagram. Por exemplo, o cineasta, palestrante e ativista Prince EA compartilha vídeos que são vistos 30 milhões de vezes no Facebook na primeira semana, velocidade praticamente impossível de se alcançar em outras plataformas.

O outro motivo pelo qual recomendo trabalhar com o Facebook é que ele é a maior plataforma. E dá acesso a uma comunidade de mais de 2 bilhões de pessoas, e que ainda cresce.[6] A plataforma de anúncios do Facebook (a mesma também do Instagram, WhatsApp e Facebook Messenger) é uma ferramenta de pesquisa de mercado extremamente forte. De fato, pode-se usá-la para testar todo tipo de conteúdo e avaliar sua repercussão em gente de diferentes origens e partes do mundo. Quando corretamente analisada, essa informação lhe dá um grande poderio para incrementar sua marca e perceber o potencial de seu mercado.

AS TRÊS MANEIRAS DE CRIAR SEGUIDORES

Há três maneiras de aumentar os seguidores no Facebook. As duas primeiras são usar a plataforma de anúncios do Facebook, que permite (1) *viralizar*

---

[6] Jeff Dunn, "Facebook Totally Dominates the List of Most Popular Social Media Apps", *Markets Insider*, 27 de julho de 2017. Disponível (em inglês) em: <https://markets.businessinsider.com/news/stocks/facebook-dominates-most-popular-social-media-apps-chart-2017-7-1002212137>. Acesso em: 10 de fevereiro de 2020.

uma parte do conteúdo para conquistar atenção em massa, com o efeito correlato de fazer que as pessoas passem a segui-lo, com base nessa exposição, ou (2) *usar a página como uma unidade de propaganda* (qualquer anúncio que vise conquistar mais curtidas/seguidores para a sua página). Uma das maneiras mais simples de criar esse tipo de campanha é acessá-la através do Gerenciamento de Anúncios da plataforma e selecionar Curtidas na Página como objetivo/alvo do seu marketing. No entanto, essa não é a única maneira de usar as curtidas de página como unidades de propaganda – explicar as nuances da plataforma de anúncios do Facebook já seria matéria para um livro inteiro.

↰ Para mais recursos a fim de aprender a usar a plataforma de anúncios do Facebook, acesse (em inglês): www.optin.tv/fbtutorials

Ambas táticas anteriores são eficazes, e, no final de contas, recomendo o uso combinado das duas. Saber como viralizar um elemento de conteúdo é uma potente tática a longo prazo. Comece por testar o conteúdo que você já tem e veja se isso resulta em um número expressivo de gente que o compartilha. É sempre melhor criar seguidores por meio de conteúdo de grande poder viralizante, porque isso manterá o seu público envolvido. Você pode se perguntar, "como fazer para criar conteúdo compartilhável ou viralizável de modo consistente? Qual a fórmula?". Boa pergunta – o Capítulo 5 é inteiramente sobre esse assunto. Mas, por enquanto, vale começar criando um anúncio cujo objetivo de marketing seja as "curtidas de página", como mencionei antes, para testar e aprender o necessário para fazer com que alguém o siga.

Devido aos algoritmos do Facebook, o conteúdo que você publica só atingirá 2 a 5% do seu público, mesmo depois de ter atingido 1 milhão de seguidores. A maioria das pessoas curtiu centenas, quando não milhares de páginas. Quando as pessoas veem o seu feed principal, o Facebook só consegue mostrar-lhes parte do conteúdo. O feed principal precisa se limitar ao conteúdo de melhor desempenho entre todas as páginas em que optamos por entrar. E o Facebook também precisa se assegurar que os usuários estejam recebendo conteúdo de seus melhores amigos. Os algoritmos avaliam o conteúdo para ter certeza que os feeds sociais das pessoas sejam preenchidos com o que lhes interessa. Se o seu conteúdo não está reverberando, será mostrado apenas a um pequeno subconjunto de seu público. Por outro lado, se tiver bom desempenho, o conteúdo atingirá uma maioria (quando não a base completa) de seus seguidores, dando a você o potencial de conseguir que esse conteúdo seja compartilhado e obtenha um crescimento orgânico.

Tenha isso em mente se optar pelo objetivo de usar as curtidas na página do Facebook. Isso fez parte da minha estratégia para criar o meu público, pois se trata de uma bela ferramenta, capaz de expandir e criar sua credibilidade até um patamar notável. Você consegue se conectar de verdade com gente de verdade, e sua credibilidade recém-conquistada pode ser aproveitada para alimentar o crescimento orgânico, que é a terceira maneira de conquistar adeptos no Facebook. Aprofundarei o modo de se obter crescimento orgânico nos próximos capítulos – especificamente através de alianças estratégicas, no Capítulo 6 –, mas é preciso ainda gerar uma sólida estratégia de conteúdo por meio dos dois primeiros métodos, para não se limitar a atingir apenas 2 a 5% de seu público, por cada postagem.

Para uma explicação mais detalhada sobre como eu uso o objetivo da página para expandir rapidamente, visite (em inglês): www.optin.tv/brendan

HÁ SEMPRE UM CPA PARA OBTER SEGUIDORES

Alguns influenciadores conquistaram fãs publicando conteúdo todo dia, e criando fortes laços com o seu público no decorrer de um período de tempo considerável. Eles mantêm laços com os seus fãs – estes os conhecem e se mantêm engajados com os influenciadores ao longo dos anos. É óbvio que não é a melhor opção para obter resultados rápidos. Fato que nos remete a uma importante consideração: *Há sempre um custo por aquisição (CPA) para cada seguidor.* Se você está criando uma base de adeptos, há sempre um preço para obter cada adepto ou seguidor, mesmo de uma perspectiva orgânica. Qualquer um que disser que obter fãs organicamente significa obter seguidores de graça, está enganado.

Os maiores influenciadores, como o empresário Gary Vaynerchuk, muitas vezes, dispõem de uma equipe em tempo integral trabalhando na sua retaguarda. Vaynerchuk, que dirige uma das maiores agências digitais do mundo, aproveita todos os conhecimentos adquiridos, por meio do trabalho com seus clientes, para criar sua marca própria, e vice-versa. Sua agência não só apoia os clientes, mas também apoia Vaynerchuk na criação, edição e marketing de seu conteúdo. No entanto, se você não paga o preço pelo apoio de uma equipe, como faz Vaynerchuk, paga com o seu próprio tempo, ao fazer todo o trabalho – de filmar, editar, postar, monitorar – sozinho.

Um dos motivos de eu ter optado por conjecturar, testar e alterar, foi pela falta de uma equipe completa. Cheguei ao milhão com um apoio mínimo. Houve um preço associado à despesa com a mídia. Mas não importa o caminho que se tome, sempre há um preço por ele, seja em tempo, dedicação, dinheiro, ou alguma combinação dos três. É preciso investir para obter seguidores. Minha estratégia é apenas uma das mais rápidas, que requer menos gente. É claro que isso não elimina o fato de você ainda ter de trabalhar, mesmo depois de ter obtido os seguidores. Não é como se depois do milhão você tivesse terminado. É preciso realmente envolver esse público, senão você perde a credibilidade.

QUANTO PRECISO INVESTIR?

Meu amigo e ex-colega de trabalho David Oh, diretor de produtos e chefe de crescimento da FabFitFun (site de assinatura quinzenal sobre estilo de vida para mulheres, que gera uma renda anual de centenas de milhões de dólares), explica que muita gente acha a mídia paga um tanto irrelevante. Ele pensa que quando rejeitamos a importância da mídia paga, estamos rejeitando a importância dos consumidores – conceito que considera desumanizador. Ele não sabe como as pessoas esperam atingir o seu público sem alguma forma de propaganda.

O essencial para tornar a propaganda vantajosa, nos diz ele, é ter consciência do quanto se gasta nela e quanto se tira. Prestar atenção no retorno sobre o investimento (ROI) é fundamental e de máxima importância, mas que as pessoas esquecem quando falam sobre marketing, negócios e propaganda. Quanto você gastou e quanto você tirou daquele investimento? Essa é a única pergunta relevante a ser feita. E, às vezes, o que você tira não é o volume em dólares. Às vezes é a credibilidade ou o empurrão que uma quantidade de adeptos na rede social, com o seu respectivo envolvimento, pode lhe dar. O retorno do investimento pode vir sob a forma de um trabalho na TV, em um filme, contrato como modelo, gravação, ou um investidor para você começar o seu negócio. Mas é preciso se perguntar o quanto valem essas conexões para você. Qual o resultado que você busca? E quanto trabalho e tempo está disposto a investir nesses resultados?

Um dos maiores produtores, executivos de mídia e investidores de Hollywood, Jon Jashni, confirma o que Sophie Turner afirmou na entrevista citada ao explicar que os estúdios prestam atenção ao número de seguidores e ao envolvimento social dos atores na hora de tomar as decisões sobre o elenco. Sai mais barato para os estúdios conquistar um público maior por meio de uma presença social mais marcante dos atores. Isso é especialmente verdade na formação dos elencos na televisão, que é mais rápida, exige urgência e mais barulho para chamar atenção, afirma Jashni. "Se dois atores forem igualmente atraentes e técnicos, é o peso nas mídias sociais que determinará a decisão."

Hoje isso é verdade em muitas indústrias. Imagine o valor que o seu público irá lhe trazer e faça a soma em dólares. É claro que o meu objetivo em relação às pessoas com quem trabalho é gastar o mínimo possível e obter um máximo de resultados. Mesmo ao trabalhar com clientes de alto nível, como Katie Couric, gasto o menos possível. David Oh acrescenta que os marqueteiros, de modo geral, devem buscar ao menos 100% de ROI em se tratando apenas do custo do investimento e do retorno derivado da propaganda (mas dê um prazo razoável para o reembolso).

Se você procura obter 1 milhão de seguidores em menos de trinta dias, a quantia que gastará depende de diversas variáveis, inclusive do mercado visado e da parte do mundo que pretende alcançar. Se estiver criando uma empresa ou uma marca global, os gastos necessários para motivar o público são mais baratos em mercados emergentes. Nos Estados Unidos ou Reino Unido, fui capaz de criar seguidores por um preço tão baixo quanto seis ou sete centavos de dólar. Em mercados emergentes como a Índia, se você tiver conteúdo bom ou médio, muitas vezes é possível conseguir um seguidor por um centavo de dólar, ou até menos.

Cobriremos este tópico em profundidade no Capítulo 7, "Globalize-se (uma oportunidade)". Mas agora eu gostaria de me dirigir àqueles que duvidam do benefício de criar adeptos em países emergentes, ou que já ouviram dizer: "fãs da Índia são *fake*". A Índia, por exemplo, tem a segunda maior população do mundo, com 1,3 bilhão de seres humanos. Alguns dos investidores mais espertos do planeta e empresas como a IKEA, Netflix, MTV, Coca-Cola e PepsiCo, estão investindo pesado no mercado indiano. O Facebook acaba de divulgar que a sua maior base de usuários é na Índia, com 251 milhões de pessoas, e os investidores também visam países como a Malásia, Turquia e Arábia Saudita. Na hora em que os grandes investidores do mundo estão voltando sua atenção para os mercados estrangeiros, seria uma tolice ignorá-los.

É também preciso pensar na qualidade do conteúdo. Quanto melhor, maior a proporção de benefício por custo. Se você tiver um belo conteúdo e for capaz de se beneficiar com um público global, poderá adquirir 1 milhão de seguidores em menos de um mês (até em uma semana, se fizer tudo direito) a um custo tão pequeno quanto US$ 7.500 a US$ 8.000. Também pode adotar uma abordagem híbrida – utilizar as estratégias deste capítulo para criar rapidamente 250 mil a 500 mil seguidores, e em seguida aproveitar as demais informações deste livro, tais como formar alianças estratégicas, no Capítulo 6 – para criar por via orgânica os seguidores que faltam.

De qualquer modo, algum investimento financeiro é necessário. Talvez dê a impressão de que seja muito dinheiro, mas, se eu me aproximasse de você e dissesse, "o seu sonho se tornará acessível por US$ 7.500", valeria a pena? Quanto vale para você um contrato no cinema, um contrato como modelo, uma gravação? Pense no que é capaz de investir, aonde quer chegar, e o que precisa – talvez sequer precise de 1 milhão de seguidores para firmar sua credibilidade. Talvez precise 500 mil, ou apenas 100 mil seguidores. A despeito do que seja o seu objetivo, esse sistema com certeza lhe ajudará a chegar lá.

Erick Brownstein, presidente e diretor de estratégia da Shareability, companhia que criou alguns dos conteúdos mais compartilháveis de todos os tempos, concorda que, a despeito da qualidade que seu conteúdo possa ter, é essencial ampliá-lo por meio da mídia paga. Brownstein diz que a esperança é má estratégia. A despeito de quão compartilhável o conteúdo seja, é preciso um empurrão pago. Existe demasiado barulho e confusão por aí. É preciso incrementar suas postagens e pagar para incendiá-las. A equipe de Brownstein trabalha com o lema de que "o pagamento eficaz é o novo orgânico". Usar muito bem a mídia paga é essencial. Você irá longe se for inteligente e conquistará seus fãs por uma fração do preço que os outros pagam.

DIMINUINDO O CUSTO DE AQUISIÇÃO DE SEGUIDORES

Qualquer um pode usar a página para anunciar na plataforma de anúncios do Facebook, mas a verdadeira jogada é diminuir ao máximo o preço para obter o seguidor. Para fazê-lo, você precisa descobrir o conteúdo certo que combine com o público que deseja atingir, e o que vai fazê-lo clicar em "Curtir" ou "Compartilhar". É preciso despertar a sua motivação ou intrigá-lo com um conteúdo vibrante.

Existe a ideia errada de que ao usar a plataforma de anúncios você está apenas comprando curtidas de seguidores, mas não é verdade. Você está pagando ao Facebook pela oportunidade de exibir um conteúdo qualquer a alguém. Esse alguém precisa então querer entrar e curtir o conteúdo, algo que ninguém pode obrigá-lo a fazer. É como pagar pelo espaço de um anúncio em um jornal ou revista. Você pode pagar pelo anúncio, mas isso não significa que alguém vá se importar ou se interessar pelo seu produto.

Quando você possui um ótimo conteúdo, os algoritmos do Facebook constatam que as pessoas estão reverberando em conssonância com sua peça criativa, o que permite gastar menos. O sistema de anúncios do Facebook funciona como um leilão. Se o seu conteúdo é mesmo bom, e as pessoas reagem a ele, o Facebook continuará a exibir o anúncio e lhe cobrará menos por ele nesse leilão. Por outro lado, se você tem um conteúdo com mal desempenho, o Facebook deixará que continue a exibi-lo, mas o seu preço será extremamente alto porque o conteúdo não terá tanto valor para a plataforma. Esta é a maneira do Facebook policiar o sistema e se assegurar que existe conteúdo valioso no ecossistema.

Toda vez que as pessoas curtem, comentam ou compartilham as suas postagens, isso propicia uma maior exposição para essas postagens, e permite que você gaste menos para vender o seu conteúdo. Esse conceito nada tem de revolucionário, e pode ser comparado aos processos que existiam off-line, antes da era digital.

Assim que começaram, os Beatles tocavam em lugares no Reino Unido e na Europa. Muitas vezes tinham de pagar para ocupar esses lugares, e no começo eles mesmos custeavam suas turnês. Se não tivessem tocado bem ou as pessoas não tivessem gostado da música, eles não teriam tido um bom retorno pelo investimento. Mas já que trabalharam bem (ou fizeram um bom trabalho, segundo os critérios da maioria do público amante da música), o sucesso deles se ampliou. Conquistaram cada vez mais fãs porque tinham valor, e o boca a boca espalhou a mensagem veiculada pela música. O mesmo conceito se aplica ao digital – se o conteúdo não for bom, não vai se ampliar. Mas se for, irá – desde que as pessoas tenham a oportunidade de reagir a ele.

Então, como saber que o seu conteúdo é bom o bastante e impressionante? Olhe para os indicadores. Se as pessoas compartilham e curtem o seu conteúdo, você está em uma boa posição. E sempre mantenha nosso amigo ROI presente na sua cabeça. Se não estiver bom, é preciso dar uma virada. Pegue os dados da plataforma de anúncios e aproveite-os para perceber o que falta para as pessoas o seguirem. Qual o conteúdo que elas andam compartilhando? Elas estão clicando no seu blog? O que falta para fazer alguém comprar um bilhete ou realizar uma transação qualquer? Descubra o sistema que funciona melhor no seu caso.

APLICAÇÕES PRÁTICAS

Ao longo dos capítulos seguintes, vou explicar o modo de visar o seu público, escolher a mensagem, aprimorar a mensagem por meio de testes e criar conteúdo compartilhável. Mas antes quero dar algumas dicas práticas de como montar seus anúncios no Facebook, já que estes são a chave para atrair as pessoas para sua página.

ACEITE O VALOR PROPOSTO PELO FACEBOOK
A plataforma do Facebook sugere o valor que você deve pagar pelos anúncios. Dependendo do elemento do anúncio, geralmente ele fica entre US$ 11 e US$ 25. Em geral, eu sempre aceito esse valor. Não vario, e se o fizer, sempre é para menos. *Nunca pago mais do que o valor sugerido.* Quanto mais aumentar a sua oferta, maior será o custo que você terá que pagar no leilão.

Ao exibir os anúncios, vejo as pessoas cometerem o erro comum de aumentar o custo deles no meio de uma campanha. Às vezes começam com um anúncio de US$ 25 por dia que mostra um bom desempenho. A pessoa fica excitada porque funciona e, querendo esquentá-lo, aumenta a oferta de US$ 25 para US$ 100 ou US$ 500. O problema é que, ao fazer isto, o Facebook remarca o preço no leilão. Talvez ela estivesse pagando um centavo de dólar por curtida de página, mas, quando aumenta seu investimento de US$ 25 para US$ 100, há um reajuste nos preços, que aumentarão e serão inflacionados.

Eis o que recomendo. Quando um conjunto de anúncios está funcionando muito bem, duplique-o, crie um novo. Crie um anúncio adicional ao custo dos US$ 25 originais, e invente uma mensagem criativa ou com outro nível de interesse, para ajudar o anúncio a alcançar mais público. Mudar essas variáveis lhe permite criar novas variações.

SEPARE CADA NÍVEL DE INTERESSE
É realmente importante separar cada "interesse" ao criar o anúncio. Não crie um anúncio juntando todos os interesses. Por exemplo, se você for um palestrante motivacional, não ponha "felicidade", "depressão", "autoajuda", "motivação", "inspirador", e tais quais, no mesmo pacote de anúncios. Faça um anúncio separado para cada um desses interesses. É preciso fazê-lo por dois motivos: primeiro, embolar todos esses interesses não permite que você aprenda. Se todos os interesses são listados no mesmo anúncio, você não saberá que interesse específico está comandando o desempenho. Segundo, a separação dos interesses lhe permite maximizar o alcance da criatividade. Se você tiver dez interesses e juntá-los todos, não será capaz de criar muitas duplicatas do anúncio. Contudo, se pegar o mesmo parâmetro criativo e criar um anúncio separado para cada um desses dez interesses, você terá dez anúncios expostos por US$ 25 cada, com o total de US$ 250. Fazer isso lhe permite expandir mais ainda os seus anúncios.

QUE TIPO DE CONTEÚDO?
Ao criar meus seguidores, usei uma porção de fotos com citações, porque é uma maneira rápida e eficaz de criar conteúdo. É fácil achar e criar citações que combinem com a sua marca ou mensagem. Muito mais difícil é fazer vídeos de alta qualidade, mas se for possível fazê-los, eles tem melhor desempenho.

Para descobrir que imagens e citações funcionam melhor, é preciso testar toda variável possível. Pegue uma imagem e teste cinco citações diferentes sobrepostas a ela. Também pode pegar só uma citação e testá-la contra cinco imagens diversas.

É preciso encontrar a melhor maneira de exprimir a sua mensagem de modo que seu público não tenha uma experiência passiva dela. Crie conteúdo que as pessoas olhem e digam, "gostei disso, vou compartilhar", ou "vou clicar em seguir porque gosto do que essa marca representa". Haverá mais lições sobre como dominar o conteúdo, no Capítulo 5.

A VANTAGEM DE VISAR O ALVO E OS *DARK POSTS*
Antes de cobrirmos mais profundamente a maneira de visar o alvo no próximo capítulo, é necessário compreender um aspecto importante da plataforma de anúncios do Facebook. Quando você exibe um anúncio no Facebook, ele é considerado como um *dark post* – um anúncio no estilo do feed de notícias, mas que não aparecerá organicamente na sua timeline, nem nos feeds de seus seguidores.

Um *dark post* será visto pelo público selecionado por você na plataforma de anúncios, baseado no gênero, interesses, idade, e outros atributos que você escolheu. Isso é bom porque lhe permite testar o conteúdo sem bombardear o seu público. Desta forma, você consegue aprender o que funciona, sem aborrecer os seus fãs. Você não há de querer empurrar cinquenta variações da mesma ideia no seu feed principal, já que dará a impressão de que está entupindo o sistema com spam.

Contudo, os *dark posts* não excluem automaticamente todos os seus seguidores. Eis um exemplo que demonstra o que quero dizer. Há pouco completei um teste para o patrocínio da Universidade da Califórnia (UCLA) pela Under Armour – empresa de calçados, além de vestuário casual e esportivo. Nós testamos ideias originais para esse patrocínio, voltadas para as redes sociais, visando os fãs do SportsCenter, Fox Sports, UCLA e UCLA Football. Se alguém seguisse a Under Armour e também seguisse o SportsCenter, seria capaz de ver os anúncios nos *dark posts*. Se você não quer que isso aconteça, tem a opção de excluir os seguidores de Under Armour ou de qualquer outra conta de marca.

O Facebook lhe entrega o controle e é essa a força da plataforma. Muita gente apenas incrementa postagens para os próprios seguidores. Mas fazer isso não lhe ensina nada. Use o Facebook como ferramenta de pesquisa de mercado. É lá que você pode adquirir grande valor e aprender o que é preciso para fazer as pessoas seguirem e se envolverem contigo.

Eu também recomendo que se vise o mais amplo espectro possível de idade e país, de modo a permitir que a plataforma do Facebook o guie.

Você pode consultar a métrica para ver qual é o público que mostra melhor desempenho. Então, nos testes subsequentes, poderá aprimorar especificamente o que está funcionando, de acordo com o que notou. Comece abrindo e depois vá estreitando.

PUBLIQUE À MEIA-NOITE
Geralmente, publico meus anúncios à meia-noite, porque assim o conteúdo terá vinte e quatro horas, a começar de zero hora, para ser testado. Às vezes, os leilões são chatos e publicar os anúncios mais tarde no dia faz que o Facebook procure preencher o inventário depressa demais, o que não lhe renderá um custo mais econômico no leilão. Por isso, crie o anúncio na hora que quiser, mas programe-se para lançá-lo à meia-noite.

Talvez você esteja pensando: "E o meu público? Ele não estará dormindo nessa hora?". A verdade é que existem mais de 2 bilhões de pessoas na plataforma do Facebook, de modo que há sempre alguém acordado, e no Facebook. Se der azar de ninguém ver o seu anúncio, o Facebook simplesmente não exibirá o seu conteúdo até que as pessoas se conectem. Ninguém cobrará nada de você até que alguém veja os seus anúncios.

Ao lançar à meia-noite, você passa imediatamente a exibir o anúncio durante as sete ou oito horas de sono, dependendo quanto tempo você dorme. Não sou notívago, por isso verifico pessoalmente meus resultados de manhã, mas se ficar acordado, poderá verificar o desempenho nas primeiras horas e começar a otimizar a campanha. Depende de você – não é absolutamente necessário se manter acordado até tarde à noite, ou perder o sono para ter sucesso.

Eu nunca vi nenhum anúncio aumentar o seu desempenho – não importa se estiver usando curtidas de página, vídeo, notícias, ou objetivos de tráfego no website – em mais de 30%, decorrida uma hora. Isso significa que se você estiver pagando cinquenta centavos de dólar por curtida, não cairá de repente para um centavo, ou mesmo dez centavos de dólar. Pode cair de cinquenta para trinta centavos, e ainda valer a pena. Na minha experiência, se a criação não estiver provocando uma reação imediata do público, ela não virá. Meu conselho é interromper esse anúncio e prosseguir com outro. Dito isso, já ouvi peritos de comércio eletrônico (*e-commerce*) dizer que, ao usarem objetivos de custo por lead (CPL), custo por aquisição (CPA), e *loan-to-value* (LTV), obtiveram sucesso deixando um anúncio funcionar durante alguns dias. Nunca se sabe o que funcionará melhor até você tentar, por isso teste tudo e veja se está obtendo os melhores resultados.

ANALISANDO A MÉTRICA
Quando exibo anúncios de curtidas de página, minha regra é que a minha própria propaganda não deve custar mais que dez centavos de dólar por curtida de página (a mais barata que criei foi US$ 0,004). Mas este é meu padrão pessoal e nível de desempenho que busco alcançar. Recomendo que você determine os seus próprios. Algumas pessoas podem não conseguir alcançar esse desempenho, tendo por base a qualidade de seu conteúdo, enquanto outras podem se sair melhor. Teste e veja o que funciona.

Se você estiver usando a estratégia de viralizar o conteúdo, minha regra é que se o seu custo de compartilhamento (CPS) está a cinquenta centavos de dólar por compartilhamento, então você está indo bem – qualquer coisa acima disso é sinal de que o seu público principal não está reagindo ao seu conteúdo. Qualquer coisa abaixo de um CPS de trinta centavos de dólar significa que você tem um grande conteúdo, e um CPS de dez centavos de dólar é status de astro de rock. Você pode ver o seu CPS personalizando sua visualização no Gerenciador de Anúncios do Facebook.

Para mais infomações básicas sobre o Gerenciador de Anúncios do Facebook, acesse (em inglês): www.optin.tv/fbtutorials

Veja sempre por quanto você é capaz de incrementar o seu desempenho. O erro que muitas vezes vejo as pessoas cometerem é de pensar, "ah, estão cobrando trinta centavos de dólar por compartilhamento. Acho que é isso mesmo o que tenho que pagar". Em vez de se acomodar a esse preço, tente baixá-lo e melhorar o desempenho o máximo possível. Não fique com preguiça; force os limites.

TESTE E APRENDA

Abordaremos em profundidade a importância disso no Capítulo 4, mas o aspecto mais importante desse sistema é *aprender*. É preciso aprender porque algo funciona, em contraposição ao que não funcionou. Caso contrário, você não está se tornando mais inteligente. Se não pensar sobre esse assunto, pode acabar testando milhares de variáveis sem gerar o desempenho que deseja. Não perca seu tempo. Analise os dados e aprenda. Todos esses testes e aprendizado têm um extremo valor para desenvolver sua estratégia de conteúdo a longo e a curto prazos, impulsionando o crescimento orgânico.

Se fizer isso, será certamente recompensado. Depois que você começa a aproveitar a compreensão adquirida com os testes, o seu crescimento por meio dos compartilhadores de seu conteúdo se torna exponencial de fato. O mágico e empresário de mídias sociais, Julius Dein, que criou mais de 15 milhões de seguidores em quinze meses, é testemunha deste fato. Diz ele:

> Você precisa trabalhar para escalar os degraus. Leva algum tempo para chegar ao segundo e terceiro, mas depois a coisa se multiplica depressa. Quando atingi 1 milhão de curtidas, foi mais ou menos assim: "Caramba, levou tempo à beça para chegar ao milhão". Em seguida, atingi 2 milhões em questão de semanas. E foi assim também no Instagram. Foi só há dois meses que cheguei ao milhão, e agora estou quase chegando a 3. Aposto que chegar a 4, 5 e 6 milhões ainda será mais rápido.

Criar seus seguidores leva tempo, esforço e dinheiro, mas pense naqueles ROI (retornos de investimento). Pense no prestígio e na credibilidade que você vai adquirir. Tenha isso em mente a cada criação e duplicação dos segmentos de anúncios – você dará um passo a frente para ampliar o seu público e conquistar os seus sonhos.

DICAS RÁPIDAS E RECAPITULAÇÃO

- → O conteúdo é o fator mais importante quando se trata do crescimento e da conquista de grande público on-line.
- → O segredo para ampliar até chegar a um público enorme, no menor tempo possível, é o enfoque na agilidade ao produzir, testar e medir como as pessoas estão reagindo em tempo real ao seu conteúdo.
- → Faça conjecturas, teste, aprenda, e faça mudanças.
- → Não é preciso inventar a roda novamente; olhe em volta e pegue emprestado o que funciona para os outros.
- → O Facebook é a plataforma em que é mais fácil se conquistar 1 milhão de fãs, porque está centrada no conceito de compartilhamento.
- → Há duas maneiras possíveis de se usar a plataforma de anúncios do Facebook para criar seguidores: (1) viralize um elemento do conteúdo para conquistar a consciência do público, ou (2) use uma página como um elemento de publicidade para chegar ao público e fazê-lo seguir a sua página.
- → Criar público requer investimento em tempo ou dinheiro.
- → Este sistema não permite a compra de seguidores. Ele permite que você pague o Facebook pela oportunidade de exibir um elemento de conteúdo às pessoas.
- → Para baixar custos, fique com a sugestão do Facebook quanto ao valor do lance. Só gaste mais para duplicar o anúncio se for para exibir interesses diferentes ou um novo elemento de criação.
- → Pense sempre no seu ROI (retorno sobre o investimento) e recue se necessário. Se algum anúncio não cumpre os seus objetivos, abandone-o.

2
ESCOLHA O SEU PÚBLICO-ALVO

A escolha do público-alvo pode fazer dar certo ou quebrar um empreendimento. Há muitos produtos e marcas capazes de atingir um grande público, mas conhecer as nuances sobre quem irá realmente adotar o seu produto ou marca é o que de fato auxilia a criar seguidores fiéis e duradouros, e uma base de clientes. Como dissemos, para progredir rápido é preciso descobrir pessoas que não só compartilhem as mensagens dos anúncios, mas também comprem os produtos anunciados. Como discutiremos depois neste capítulo, há diferentes técnicas e estratégias para escolha do público-alvo para determinados objetivos. Além do mais, chegar ao público certo poupará tempo, dinheiro e energia.

Digamos que você venda calças femininas de ioga. Não faria sentido visar os homens, já que não são eles que vão usar ou precisar do produto (exceto se você os vise pensando especificamente em um determinado feriado, e promova as calças como sugestão de presente). Ou talvez venda camisetas do Philadelphia Eagles Super Bowl – neste caso, não faz sentido visar os torcedores do New England Patriots logo depois de perderem a Super Bowl de 2018, certo? Será um desperdício de recursos. Ou imagine que você viva numa cidade onde todo mundo é vegano. Não faz sentido abrir uma churrascaria ali. Seu negócio não vingaria.

Escolher como alvo as pessoas certas permite que seu empreendimento tenha sucesso. E se você conhece exatamente o seu público-alvo, a internet – e as mídias sociais especificamente – tornou mais fácil do que nunca ouvir as informações da parte dos consumidores. As empresas de vestuário como a Zara dependem completamente das sugestões de seus clientes para ajustar seus designs – o quartel general da corporação lê milhares de comentários de compradores e usa esses comentários para criar a próxima linha do vestuário. É uma abordagem da *fast fashion* gerada pelo usuário, que a Zara alega ser um dos segredos do seu sucesso.[7] Isso é em parte o motivo

---

[7] Derek Thompson, "Zara's Big Idea: What the World's Top Fashion Retailer Tells Us About Innovation", *Atlantic*, 13 de novembro de. 2012. Disponível (em inglês) em: <https://www.theatlantic.com/business/archive/2012/11/zaras-big-idea-what-the-worlds-top-fashion-retailer-tells-us-about-innovation/265126/>. Acesso em: 10 de fevereiro de 2020.

da Zara dominar o mercado da moda – fica difícil para as outras marcas competir com esse nível de atenção ao feedback do mercado visado.

SEJA ESPECÍFICO

Nós vivemos na era da informação, o que torna a segmentação granular mais importante do que nunca. Há muita competição – e com essa miríade de produtos, mensagens e conteúdos, as pessoas têm uma quantidade incrível de opções. O interesse dos consumidores e adeptos se tornou muito mais específico, e existe uma quantidade enorme de públicos situados em nichos. Aproveite esse fato como uma vantagem.

Se você pudesse pegar uma máquina do tempo até os anos 1970 e parar dez pessoas na rua para lhes perguntar quais eram as suas dez canções favoritas, a maioria escolheria as mesmas cinco ou seis. As pessoas tinham uma opção limitada de música na época, porque se produzia menos música e havia menos meios de consumo dessa música (por exemplo, apenas rádio e TV).

Se você fosse fazer a mesma pesquisa hoje, não haveria tantas escolhas iguais. Há mais músicas disponíveis, mais meios de distribuição, inclusive plataformas de autodistribuição (tais como Facebook, iTunes e Spotify), e mais acesso direto aos artistas do que nunca. O nível do conteúdo, informação e produtos no mercado cresceu notavelmente, fragmentando os interesses das pessoas em nichos específicos.

Esta verdade se aplica a muitas indústrias. Olhem só o que aconteceu com a televisão a partir da criação dos serviços de *streaming* como a Netflix, Prime Video e Hulu. Há mais opções do que nunca de shows e todo tipo de espetáculos. Existe um público para quase todo gênero – basta saber como chegar lá.

Com o Facebook e outras ferramentas de propaganda on-line, você pode selecionar públicos muito específicos para a sua marca. Por exemplo, você pode visar gente com grau universitário que fatura 75 mil dólares por ano, que mora em Chicago, Illinois, é casada e adora cachorros.

Antes da internet, era muito mais difícil (quando não impossível) atingir um vasto público composto por algum grupo específico assim. Usando os meios de escolha de público do Facebook, tem-se a oportunidade de descobrir exatamente quem comprará o seu produto, e de desenhar o seu conteúdo e sua estratégia na medida específica das necessidades deste público, o que permite maior eficácia na precificação e um aumento de lucratividade.

Eu me beneficiei pessoalmente da plataforma de anúncios do Facebook, usando-a para selecionar um público-alvo que me ajudasse a escolher o título e a capa da edição norte-americana deste livro. A minha equipe testou a arte em públicos diversos, que nos ensinaram não apenas qual capa (até a sua cor específica) funcionaria melhor, como quais públicos reagiriam mais a ele. Testamos a capa do livro em "empresários", "pequenos proprietários de negócio", "leitores de revistas como *TechCrunch*, *Wired* e *Fast Company*". Esta informação nos ajudou a perceber quem teria maior interesse no livro e quais as mensagens de marketing que mais os atraem.

LISTA PARA CHECAR O PÚBLICO-ALVO

Esta é uma lista de verificação muito ampla que não cobrirá necessariamente todos os seus objetivos específicos de seleção, mas que o ajudará a detalhar o seu público-alvo se estiver começando do zero. Para atingir as pessoas certas, é preciso ter uma imagem delas na cabeça.

Comece por anotar toda a informação que você sabe sobre o seu produto ou marca. Pense para quem ele será mais útil ou acessível. Depois de ter compilado uma lista ou alguns parágrafos, faça a você mesmo as seguintes perguntas:

→ Qual é o GÊNERO de seu público-alvo? Você visa os homens, as mulheres ou ambos?
→ Qual a IDADE de seu público-alvo? Você visa jovens, gente com seus 30 anos ou outra faixa etária?

→ Qual é o SEU OBJETIVO DE MARKETING DESEJADO? Que ação você deseja que o seu público efetue? Você está tentando:
  ↳ aumentar o conhecimento de sua marca;
  ↳ vender algum produto específico;
  ↳ fazer que as pessoas se inscrevam para tê-las na sua lista de e-mail;
  ↳ obter maior envolvimento com as postagens;
  ↳ encaminhar tráfego para um blog ou website; ou
  ↳ você possui um objetivo de marketing diferente?

→ Onde SE LOCALIZA o seu público? Você visa gente no mundo todo, apenas no Brasil, ou em outro país? Talvez você tenha algum negócio local e queira visar um Código Postal específico, uma cidade, ou estado? A localização de seu público depende grandemente de seus objetivos de marketing e do que está procurando alcançar. Você precisa saber se está vendendo um produto diretamente às pessoas em determinada região, ou se está procurando criar uma identificação da marca e credibilidade? Contudo, se você trabalha com entretenimento ou procura criar uma marca global, ser conhecido no mundo inteiro pode representar algo muito benéfico (mais discussão dessa ideia no Capítulo 7, "Globalize-se (uma oportunidade)", para entender que visar um público global pode ser benéfico no aumento da validação de sua marca e de sua credibilidade).

→ Que INTERESSES têm os compradores de seu produto?
→ Que tipo de música eles ouvem?
→ Que esporte praticam?
→ Que marcas de roupas eles vestem?
→ Em que lojas fazem compras?
→ Qual a rotina deles em um dia típico?
→ A que eventos compareçem?
→ Quais são os seus valores?
→ Que hobbies eles têm?
→ Quais os nomes dos produtos que eles usam?
→ Que carros que têm?

- → A que programas de televisão eles assistem?
- → Quais são seus filmes favoritos?
- → Que celebridades seguem?
- → Que outros interesses você acha que eles falam?
- → Que outra informação você possui sobre o ESTILO DE VIDA de seu público?
- → É de gente casada, solteira ou divorciada?
- → Qual a ocupação deles?
- → Qual é a sua renda anual?
- → Que necessidades eles têm?
- → De que maneira o seu produto ou marca melhora ou facilita a vida do seu consumidor?
- → Quem são os seus COMPETIDORES mais importantes, e quais as respostas prováveis dos seguidores deles às perguntas desta lista?

Responder a essas perguntas ajudará a compreender as pessoas que você seleciona para se submeter a seus testes iniciais e que, no frigir dos ovos, o ajudarão a conquistar novos clientes. Quanto mais souber sobre o tipo de pessoa que você acredita estar interessada no seu produto, melhor.

Ao começar a testar as variáveis que você definiu acima, aja como um cientista louco. Experimente tantas combinações quanto possível. Desmembre diversas variáveis para formar diferentes testes. Se você estiver vendendo calças femininas de ioga, seus testes podem se parecer com algo assim:

- → TESTE 1 idade de 18 a 35 anos, que curte a página da Lululemon[8]
- → TESTE 2 idade de 35 a 50 anos, que curte a página da Lululemon
- → TESTE 3 idade de 18 a 35 anos que curte a página da Lululemon + tem ensino superior

---

8 Lululemon é uma loja de roupas esportivas com sede em Vancouver, Canadá. Fundada em 1998 como varejista de trajes de ioga, a loja se expandiu internacionalmente e hoje tem 460 lojas, além da on-line. [N. E.]

- → TESTE 4 idade de 35 a 50 anos que curte a página da Lululemon + tem ensino superior
- → TESTE 5 idade de 18 a 50 anos, que gosta de ioga
- → TESTE 6 idade de 18 a 50 anos, que gosta de meditação
- → TESTE 7 idade de 18 a 50 anos, que gosta de ioga + residente em Chicago
- → TESTE 8 idade de 18 a 50 anos, que gosta de meditação + residente em Chicago

Isso tudo é apenas um exemplo, mas dá para ver que a quantidade de testes pode se multiplicar muito rápido. Procure sempre testar tantas variáveis quanto possível, até encontrar a resposta que procura. Continue sempre a testar para melhorar os seus resultados.

↰ Para saber mais como criar essas campanhas de testes, acesse (em inglês): www.optin.tv/fbtutorials

Você também precisa testar se as suas suposições estão corretas. Para ajudá-lo a se manter no caminho certo, caso não tenha um público base de fato, David Oh, da FabFitFun, sugere que saia da internet e vá conversar com o seu hipotético público-alvo. Se você acha que a sua base de consumidores consiste em mulheres de 18 a 30, vá falar com as pessoas nessa faixa demográfica. Descubra o que acham de suas mensagens, ideias e conteúdo. Use seus amigos, família e conhecidos como recurso para ajudá-lo a fazer pesquisa de mercado.

Se você já tem uma base de seguidores com pessoas envolvidas com o seu conteúdo e que compram seus serviços e produtos, existem outras maneiras de fazer pesquisa de mercado. Você pode garimpar os indicadores (*analytics*) de sua plataforma social (como o Facebook Insights) ou utilizar informação colhida no Google Analytics para saber quem está trafegando pelo seu website. Pode também analisar os pedidos de compras e fazer pesquisas com sua base de seguidores e clientes. Use os indicadores ou dados sobre o seu público para ajudá-lo a decidir quem vibra mais com o seu conteúdo, produtos e marca.

David Oh, por exemplo, usa indicadores de dados do seu website para compreender melhor as características demográficas básicas dos compradores, por intermédio das informações nos espaços próprios para isso. Essa informação lhe fornece a idade, o gênero, os interesses em produtos de beleza/moda e o nome das marcas que curtiram. Ou até mesmo pesquisa os clientes sobre os aspectos que curtiram nos produtos que pediram anteriormente, e que produtos gostariam de ver no futuro. Então, ele aproveita essa informação para criar campanhas de marketing mais eficazes, que sempre resultaram em progresso para a sua companhia.

A indústria cinematográfica nos oferece outro exemplo da aplicação dessas táticas. Quando se faz um filme, testa-se uma versão bruta dele em projeções dedicadas à pesquisa de mercado. O objetivo dessas projeções é reunir o público-alvo ideal e projetar o filme antes do lançamento. Os produtores e os estúdios trazem seu público-alvo, que vê o filme e depois lhes dá uma pontuação, registrando suas observações, sensações e opiniões em cartões específicos. Depois, os produtores e marqueteiros usam essas informações para compreender bem as pessoas que vibram com o filme. Os dados dessas sessões de teste são então usados para guiar a estratégia/posicionamento do marketing, e também para aperfeiçoar o filme.

ESTUDO DE CASO – *FLORENCE: QUEM É ESSA MULHER?*
Uma vez minha equipe e eu fizemos uma pesquisa de mercado para a Paramount Pictures, a respeito do filme de 2016, *Florence: quem é essa mulher?*, com Meryl Streep e Hugh Grant. A Paramount quis fazer um teste para saber como posicionar o filme para o seu público-alvo.

Se você ainda não viu, Streep faz o papel principal do personagem que deseja se tornar cantora de ópera profissional antes de morrer. A Paramount lutava para encontrar um lema para o filme. Estavam pensando em cinco opções, inclusive: "Você nunca está velho demais", "Sonhe grande" e "Toda voz é importante". Mas precisava de dados e análises para tomar a melhor decisão sobre a mensagem principal a ser usada no marketing do filme.

Minha equipe testou variáveis do lema com 561.766 pessoas – 53% mulheres e 47% homens– nos Estados Unidos, cujos interesses incluíam "filme musical", "filme biográfico" e "Meryl Streep", já que seriam os mais prováveis espectadores do filme. Atingir um público deste tamanho por meio da pesquisa de mercado tradicional, ou fazendo esses testes na TV, poderia levar semanas e requerer um orçamento importante. Contudo, terminamos os nossos testes dentro de quarenta e oito horas, e por uma fração desse custo aproveitamos a plataforma de publicidade do Facebook como ferramenta de pesquisa de mercado, para segmentar todos os testes e reunir dados em tempo real. Depois dos testes terminados, compilamos rapidamente os dados em um relatório extenso de 41 páginas, para ter certeza de sermos tão criteriosos quanto possível com os achados – de modo que a Paramount pudesse tomar a decisão mais bem fundada sobre a sua campanha.

Quando entregamos nosso relatório final, os executivos da Paramount ficaram um pouco espantados com o nível de detalhamento que conseguimos em tão pouco tempo. Começaram a perceber que tinham uma nova fonte com bom índice custo/benefício, e uma rápida fonte de dados para ajudá-los a tomar decisão futuras sobre as mensagens que receberiam milhões de dólares em investimento. E tudo isso se tornou possível devido aos testes e à realização de nossa própria pesquisa de mercado improvisada junto ao público-alvo correto.

UMA ABORDAGEM DIFERENTE DA SELEÇÃO DE PÚBLICO-ALVO: ATINGIR QUEM COMPARTILHA

Como discutimos neste capítulo, visar o segmento demográfico é uma bela estratégia quando o único foco é fazer seus integrantes reagirem a determinado estímulo à atuação (CTA) – por exemplo, clicar, comprar, registrar. Mas existe outra estratégia de seleção de público-alvo que gosto de usar, toda baseada em encontrar pessoas que promoverão o meu conteúdo e marca, compartilhando-os. Se você vende sapatos femininos, e precisa visar mulheres de 18 a 35 anos com o propósito de estimulá-las a atuar (CTA) para comprar determinado sapato, então escolha diretamente esse público. Contudo, se você puder produzir um belo conteúdo, escolha esta segunda opção. Isso fará que as pessoas compartilhem a sua mensagem com muita rapidez, permitindo-lhe valorizar ainda mais o seu conteúdo, e deste modo, reduzindo o custo dos indicadores decisivos de desempenho. Para consegui-lo, é preciso testar suas mensagens, não apenas em quem comprará o seu produto ou curtirá a sua marca, mas também nas pessoas que provavelmente compartilharão o seu conteúdo (olha a surpresa) e que nem sempre fazem parte do mercado visado que você escolheu.

Se você pensar que essa estratégia de seleção é quase inteiramente contrária à que esboçamos na parte anterior deste capítulo – você tem razão, é mesmo. Existem muitas abordagens e estratégias eficazes, entre as quais algumas que parecem conflitantes entre si. Mas a verdade é que o que funciona para uma pessoa ou marca, talvez não funcione para outra. Meu objetivo é lhe fornecer as opções mais eficazes que existem, de modo que você possa escolher qual delas funciona melhor para você e para os seus objetivos.

Se você luta para criar conteúdo altamente compartilhável, talvez queira começar pela primeira abordagem, especificando o público que será seu alvo. Se você puder criar conteúdo altamente compartilhável, tente ampliar o seu alcance além do mercado-alvo óbvio, e veja qual a reação. Às vezes as pessoas que você deseja atingir serão atingidas de modo mais eficaz por intermédio de outras. Você pode ter campeões de mensagens que não pertencem ao seu mercado alvo específico, mas que são capazes de atingir o seu mercado alvo para você.

ESTUDO DE CASO – CHATBOOKS
Um grande exemplo da descoberta de campeões de mensagens estranhos ao mercado-alvo principal foi o projeto em que trabalhei para a

Chatbooks, a impressora de fotos número 1 do mundo, com mais de 1 milhão de assinantes. A Chatbooks me procurou com uma campanha de conscientização pelo Dia das Mães, sob a forma de um vídeo emocionante sobre as mães, vistas pela perspectiva das crianças. No vídeo, as crianças de 4 a 8 anos falam sobre como as mães são super-heroínas. É um espantoso item de criação por parte de Nat Morley, de quem vocês ainda ouvirão falar neste livro.

A Chatbooks me disse que eles queriam "visar mães de 45 anos para cima". Depois de ver a excelência do material criativo, percebi o grande potencial de que ele fosse compartilhado com muita rapidez pelas pessoas, por isso pedi à empresa que me deixasse testar o conteúdo e descobrir quem poderia promover a marca com esse vídeo. Ao começar os testes, utilizei um amplo espectro demográfico, mas fui específico quanto aos interesses pelo produto (por exemplo, compilação de cadernos de recortes, fotografia, maternidade, paternidade). Em campanhas de conscientização e envolvimento, costumo começar visando atingir tanto homens quanto mulheres, de 18 a 65 anos de idade (exceto se estivermos vendendo um produto específico para um dos gêneros, como mencionei no início do capítulo) e ver onde os algoritmos do Facebook promovem o conteúdo, nas primeiras horas da campanha. Acho que isso funciona, porque os algoritmos do Facebook estão sempre evoluindo para ajudá-lo a encontrar o seu público mais engajado, e lhe propiciar percepções úteis. Se você percebe que o seu conteúdo não vibra em consonância com determinado estrato demográfico ou de interesses, faça outro teste. E em seguida outro. Continue a fazer isso até encontrar as respostas que você procura. Também sugiro que você vise e mantenha um público-alvo amplo nas campanhas de conscientização de larga base, porque isso geralmente diminui seus custos no leilão, e lhe fornece mais impressões e maiores chances de envolver o seu público.

Enquanto fazia os testes, percebi que quem compartilhava o vídeo eram de fato mulheres de 18 a 25 anos. Isso não demonstrava necessariamente que elas fossem comprar o produto final, e sim que estavam conectadas ao conteúdo. Depois de maiores análises, vi que estavam compartilhando o vídeo com as suas mães, integrando-as por meio de tags ao grupo dos interessados, e começando a dialogar com as mães sobre o conteúdo.

Ampliar o âmbito para atingir as mulheres mais jovens permitiu à Chatbooks visar o seu estrato demográfico principal de modo muito mais eficaz. Passaram a visar a ligação emocional entre mães e filhas. Por outro lado, isso também lhes permitia mostrar o produto a um novo público.

É aí que percebo a força do compartilhamento e do uso de uma abordagem mais ampla na escolha do público-alvo. Isso pode aumentar a conscientização da sua mensagem e conteúdo, ajudar-lhe a encontrar quem recomende a marca e, mais importante, atingir o seu público principal com mais influência – fazendo que um amigo a compartilhe com outro amigo, ou com alguém amado. No fundo, você explora o compartilhamento boca a boca, uma das coisas mais difíceis no marketing.

Seja criativo e permita-se fazer conexões entre seus compradores e seus compartilhadores de mensagens. Você talvez descubra novas maneiras de apresentar o seu produto ou marca no mercado, além de conquistar novos adeptos, incrementar a quantidade de seus seguidores, e vender mais.

NÃO FAÇA SUPOSIÇÕES

Latham Arneson, ex-vice-presidente de marketing digital da Paramount Pictures, acrescenta que muita gente acha que sabe o público que deve ser visado. Embora acertem muitas vezes, outras também erram. Ele explica que no marketing de cinema você começa com um conjunto de parâmetros bem amplos – por exemplo, "mulheres jovens". A verdade é que esse é um grupo muito grande e que abrigará muitos interesses diferentes. Um importante ponto focal é descobrir, dentro do segmento demográfico, quem está mais disposto ao compartilhamento.

Apesar de estar centrada em torno do marketing de cinema, a experiência e o conhecimento de Latham podem ser aproveitados por quem está estabelecendo uma marca, ou procurando crescer. Quando o filme não faz parte de uma série bem conhecida, ou de franquias, os marqueteiros de cinema recebem a missão quase impossível de criar uma marca em um período de seis meses, o que muitos de vocês leitores estão tentando fazer.

Latham repara que testar é fundamental. Acha possível fazer algumas boas suposições, mas que se entende realmente a situação testando. É quando você realmente percebe quem está interessado, baseado na reação ao conteúdo que está sendo criado por você. Mas, no fim do dia, não dá para ter 100% de certeza, só quando você realmente expõe o objeto de pesquisa ao mundo lá fora, e vê quem reage a ele.

Quando se está lidando especificamente com visualizações de vídeo, Arneson sugere que se veja a taxa de conclusão do vídeo ou a taxa de sua visualização incompleta, e também a ação correlativa depois de alguém ter visto o vídeo. É ótima se o espectador assistir 75% a 100% do vídeo, mas é até melhor se assistir a uma boa parte e depois agir de determinado modo, como compartilhar aquele conteúdo. Utilize as pessoas que demonstram iniciativa, como o compartilhamento ou o clique (em um vídeo, imagem ou link), como o melhor indicador do seu público-alvo.

SELECIONANDO OS OBJETIVOS DA CAMPANHA

A escolha do tipo de anúncio que irá alcançar os objetivos de sua campanha faz parte desta seleção. Você pode selecionar o anúncio para que ele conquiste visualizações como vídeo, para conquistar tráfego na internet, para gerar iniciativas, envolvimento com a postagem, reações a eventos, e por aí em diante. Percebi que cada objetivo é avaliado de modo diferente no leilão do Facebook.

Digamos que você tem um vídeo que deseja promover, porém escolheu como objetivo a geração de leads. Seu custo por visualização será inflacionado porque o Facebook não vai considerar a cobrança sob esse ângulo. Tentarei conseguir o máximo possível de leads. Por isso eu sempre recomendo, em qualquer anúncio por vídeo, não importa se para gerar leads ou tráfego, que se comece com o objetivo de visualização do vídeo. Ao fazê-lo você abaixa o preço por visualização o quanto for possível para alcançar o máximo de público. Alcançar mais público significa conquistar mais oportunidades que os outros compartilhem a mensagem para você. Mais compartilhamento significa aumento da publicidade promocional, que barateia o custo total por lead. E, é claro, isso também é ótimo para quem quer criar conscientização da marca e um grande público. No entanto, se as pessoas não estiverem compartilhando, a geração de leads ou conversões talvez funcione melhor, no caso de você estar apenas interessado em vender diretamente um produto.

Se eu fosse criar uma hierarquia, o envolvimento por meio da postagem, ou visualização de vídeo, estariam no topo da lista, caso tenham um bom conteúdo. Se tiver conteúdo médio ou abaixo da média, e o objetivo principal for simplesmente vender algum produto, então empregue na web a geração de lead ou a conversão. Teste e aprenda – como eu disse antes, é essa a única maneira de perceber o que funciona melhor para sua marca.

REDIRECIONAMENTO DA SELEÇÃO DE PÚBLICO-ALVO E PÚBLICOS SEMELHANTES

Depois de fazer alguns testes e obter certo conhecimento, você passará a conhecer a demografia e os interesses de seu público principal, e a observar o tipo de gente com maior probabilidade de compartilhar a sua mensagem. Depois de reunir esses dados, você deverá certamente selecionar de novo as pessoas que irão *se ligar* à sua marca.

Erick Brownstein, da Shareability, explica que a sua equipe sempre visa novamente quem *se envolveu* com o primeiro bloco de conteúdo, para fazer chegar a eles um novo conteúdo. Ele frisa que se alguém desejou se envolver uma vez, é mais provável que volte a se envolver. Sua equipe testa "trocentos grupos-alvo diversos" e depois, com base no público que é convertido ou agiu do modo desejado, começa a criar públicos sósias, que também passam por testes.

Tim Greenberg, diretor de comunidade da Liga Mundial de Surf, também concorda que é inteligente descobrir públicos parecidos. Primeiro ele descobre quem visita o site da instituição, por meio do Facebook Pixel, uma ferramenta analítica que o ajuda a medir a eficácia de sua publicidade, a rastrear visitas ao site (você também pode usar o Pixel para examinar as iniciativas tomadas pelas pessoas no seu site, visando compreender como chegar ao seu pretenso público).[9] Em seguida, Greenberg confere quem se registrou na lista de endereços da Liga Mundial de Surf. Depois analisa quem visitou a plataforma da Liga Mundial de Surf e quem assistiu ao seu *streaming* ao vivo – são esses os usuários principais, os principais fãs que tomam a iniciativa de assistir ao conteúdo da Liga. A equipe de Green só precisa avisar esse pessoal, através de uma mensagem de conscientização, que o conteúdo se encontra lá.

Quando esse processo termina, ele foca no segundo círculo de espectadores – e estende isso a *públicos parecidos que espelham os fãs originais*. Estes consistem em pessoas com parâmetros demográficos e perfis de interesses parecidos, entre outros critérios. Talvez não sejam ainda fãs de surf e não tenham visitado o site, mas é possível que tenham inclinação a fazê-lo. Sua equipe agrupa essa gente em um pacote-alvo diferente, a quem dirige uma campanha semelhante, adjacente à sua campanha principal.

A equipe de Greenberg descobriu que quanto mais ela se afastasse do núcleo principal do público e fosse além dele (ao público que tem interesses parecidos, mas não faz parte do público principal), menos as pessoas teriam tendência a assistir às competições de surf, mesmo se tivessem gostado de uma parte do conteúdo. Por isso sua equipe procura ter muita cautela. Descobriu que nos públicos realmente semelhantes, ou naquele composto por seus consumidores principais, estão as melhores pessoas a serem visadas. Ter mais curtidas pode parecer bom, mas na hora da conversão a algum tipo de iniciativa, é importante ficar com o público que foi descoberto por meio dos dados.

---

9 "O Pixel do Facebook", *Facebook para empresas*. Disponível em: <https://www.facebook.com/business/help/651294705016616>. Acesso em: 10 de fevereiro de 2020.

A plataforma do Facebook trouxe muitos novos fãs para a Liga Mundial de Surf. Em virtude da ampliação devida ao Facebook, a Liga conseguiu um público que de outro modo não conquistaria normalmente. A plataforma lhe permitiu pegar dados e testar seu produto e conteúdo em novos públicos – levar os fãs para os sites que possui e opera. A equipe de Greenberg criou uma máquina para captar fãs e reenviar-lhes mensagens de produto, mensagens sonoras ou de download de aplicativos. Foi muito bom para a empresa.

FATO ENGRAÇADO: O HIPERDIRECIONAMENTO É CAPAZ DE ENGANAR OS CIENTISTAS DE FOGUETES

Se você ficar realmente por dentro do processo de seleção do público-alvo, será capaz de atingir praticamente qualquer um no Facebook. David Oh uma vez me contou um caso sobre uma brincadeira que ele fez com o pessoal do Jet Propulsion Laboratory (JPL), um centro de pesquisa e desenvolvimento financiado pelo governo federal, e do centro de testes da NASA em La Cañada Flintridge e Pasadena, na Califórnia. Oh esteve lá para dar uma palestra sobre o uso do marketing digital e hiperdirecionamento (*hypertargeting*) no Facebook – o ato de enviar mensagens altamente direcionadas a grupos muito específicos como alvo. Se lhe parece familiar, é porque se trata do tipo de seleção discutida anteriormente neste capítulo, que foca os dados demográficos, como idade, gênero, residência, língua, nível de ensino, interesses e local de trabalho.

Antes de ir à palestra, Oh fez uma pequena experiência. Criou alguns anúncios falsos no Facebook e usou-os visando qualquer um que trabalhasse na JPL, em um raio de trinta e dois quilômetros. Um dos anúncios era de algo chamado "Vida em Marte?". O anúncio tinha um veículo de exploração do solo com um ponto de interrogação sobreposto a ele. Outro anúncio dizia, "O financiamento para o novo projeto do veículo de exploração foi cancelado?". Ele criou dez variações de anúncios falsos com vários cabeçalhos e imagens. Como também tinha ouvido de um amigo que havia uma piada dentro do JPL de chamar as pessoas de *peanuts* [amendoins], fez uma página de chegada para a qual elas eram redirecionadas quando clicassem no anúncio, e nessa página se lia "Notícias da Comunidade *Peanut*", com um mecanismo de contagem reversa até o momento de sua palestra.

Oh gastou mais ou menos 2 dólares nesse serviço, e recebeu cerca de dez cliques. Quatro cientistas chegaram a digitar seus e-mails pessoais na lista de espera dos endereços de e-mail criada por ele. Durante a palestra ele explicou o que havia feito (borrando os nomes para não constranger ninguém), porém duas pessoas da turma da tecnologia de informação da JPL se levantaram e disseram, "é melhor que não tenha sido nenhum de vocês".

A moral da história é que a plataforma de publicidade do Facebook permite que a gente engane cientistas de foguetes. Por isso, se você conhece o seu público, isso lhe permite colher um resultado muito bom no Facebook, ou em qualquer outro local que ofereça esse tipo de detalhamento.

DICAS RÁPIDAS E RECAPITULAÇÃO

1. Visar o perfil demográfico exato é uma bela estratégia quando o único foco é persuadir as pessoas a um gesto específico (ex.: clicar, comprar, registrar-se).

2. Se você puder criar conteúdo altamente compartilhável, será capaz de tirar proveito de uma estratégia de testes para identificar propagadores que irão compartilhar o seu conteúdo e marca para você.

- Se você está se esforçando para criar conteúdo altamente compartilhável e focado em campanhas de marketing de reação direta (ex.: a venda de um determinado produto ou serviço), escolher uma abordagem mais restrita por meio da lista de verificação é o melhor modo de começar. Faça um retrato do seu público explorando aspectos dos seus tipos, incluindo o gênero, a idade, que iniciativas você deseja que eles tomem, sua localização, seus interesses, seu estilo de vida.
- Se você estiver conduzindo campanhas de amplas bases e tentando promover o conhecimento de massa, comece fazendo uma seleção de público de larga envergadura e veja até onde os algoritmos do Facebook o levam. Manter a ampla envergadura do público-alvo geralmente diminui os custos que você terá no leilão.
- Utilize os indicadores do Google Analytics e os dados das mídias sociais, como o Facebook Insights, para ajudá-lo a extrair dados sobre seu público-alvo.
- Analise os pedidos de compras anteriores e faça pesquisas com sua atual base de fãs para ajudá-lo a definir quem vibra mais com o seu conteúdo, produtos e marca.
- Se você tiver bom conteúdo, a prioridade do objetivo da campanha será o envolvimento por postagens ou visualizações de vídeos, e anúncios para a conversão se você quiser vender um produto e dispõe de um conteúdo mediano ou abaixo da média.
- Faça testes com trocentos grupos-alvo.

- → Não presuma conhecer a natureza do seu público; permita-se descobrir novos grupos-alvo.
- → Direcione novamente o seu conteúdo para qualquer um que se envolveu com o conteúdo original.
- → Crie públicos-sósias das pessoas que se converteram ou atuaram da forma desejada, como curtir ou clicar.
- → Não dá para ter certeza absoluta da natureza do seu público até que você tenha realmente exposto o seu conteúdo ao mundo externo, e visto quem reagiu a ele.

7

ESCOLHA UMA MENSAGEM PARA AS MASSAS

Uma vez acumulados os seguidores e tendo compreendido quem é o seu público principal, é preciso mantê-los engajados. Deve-se criar conteúdo que faça os seguidores quererem mais, que vibre em consonância com os interesses deles, e que os faça compartilhar a sua marca o máximo possível. Essa é a melhor maneira de garantir que sua mensagem apareça de forma constante no feed de notícias de seu público. Não há razão para acumular seguidores se você não é capaz de interagir ativamente. É fundamental criar um conteúdo que atraia a atenção das pessoas e as estimule a compartilhá-lo com amigos e contatos.

Saber como estruturar uma mensagem é essencial para ter sucesso. Caso diga algo que não atraia a atenção do público, e não promova interação com o conteúdo, o trabalho feito para consolidar esse público vai para o lixo. Não basta conseguir fãs. É preciso cativá-los constantemente; isso é importante para o crescimento contínuo do público e dos seguidores nas mídias sociais.

Embora não lhes possa dar mensagens específicas mais adequadas à sua marca, já que todas serão diferentes, conforme o objetivo e mercado-alvo, posso lhes dar diretrizes para descobrir por conta própria como escolher as melhores mensagens. Seguindo essas orientações simples, você saberá como se destacar rapidamente em meio ao ruído.

ENCONTRE O GANCHO

Para compartilhar informações atraentes, é necessário ter um gancho original – isto é, algo que marque sua presença, que atraia a atenção do público e o deixe querendo mais. É uma prática essencial para a compreensão do valor que você tem a oferecer.

Um ótimo exemplo do gancho sólido é o que fez Tim Ferris com o título do seu livro *Trabalhe 4 horas por semana*. Ferris tinha a noção e uma ideia do tipo de valor que poderia oferecer ao mundo, porém precisava atrair a atenção das pessoas para se destacar e fazer com que sua mensagem fosse percebida. Se não tivesse encontrado uma mensagem sucinta e provocante, o livro não seria um best-seller. O caráter inovador da ideia de trabalhar quatro horas por semana foi o que chamou a atenção das pessoas.

Os conceitos contidos no livro não tinham nada de novo ou revolucionário, mas a habilidade de Ferris em embalar essas ideias com o conceito de trabalhar apenas quatro horas semanais foi algo que despertou interesse nas pessoas. Era uma imagem de um estilo de vida tangível desejado por pessoas que não sabiam como alcançá-lo. A vontade de saber mais sobre esta atraente proposta foi o que chamou a atenção das pessoas. Se Ferris tivesse usado o título *O Guia de Ferris para Trabalhar por Poucas Horas*, não seria tão cativante. Porém, ele ponderou que ressonância teria o título junto ao público que tentava atrair, e como a forma dessas palavras poderia cativá-lo. Descobriu o que as pessoas desejavam e não visou apenas autopromoção. Ao bolar uma forma cativante de explicar este conceito e imaginar uma opção de estilo de vida, ele atraiu a atenção das pessoas.

Não basta simplesmente falar sobre você e explicar o que você faz. Muitas pessoas compartilham as mesmas habilidades. É preciso descobrir o que torna você e seu produto ou informação únicos e relevantes para a vida dos outros.

Qual o seu diferencial? E como pode torná-lo importante para os outros? É preciso criar uma forma sucinta que chame atenção para transmitir seu conteúdo. E tem que ser relevante. Você precisa se ligar a temas atemporais, interessantes e de acordo com as necessidades do público. O gancho é aquilo que faz as pessoas pararem e prestar atenção.

ENCONTRE UM TÍTULO

Eis aqui um exercício que gosto de usar com clientes para descobrir títulos: imagine que você ou o seu negócio saiam na capa de uma importante revista ou jornal. Agora imagine que um cliente em potencial está andando na rua e passa pela banca de jornal. Que título chamaria atenção, fazendo-o parar e comprar o jornal ou revista para ler o artigo? Ponha-se no lugar do cliente. Responda com sinceridade, o que faria alguém parar o que está fazendo para prestar atenção à sua mensagem.

Lembre-se que todo dia mais de 60 bilhões de mensagens são transmitidas. O título precisa ajudá-lo a se DESTACAR.

Os títulos são importantes em vários tipos de indústrias. O filme de 1999, *A bruxa de Blair,* foi um sucesso estrondoso porque a equipe de marketing do projeto compreendeu como escolher o título. Toda a campanha foi baseada na ideia de que a história era real, o que chamou a atenção das pessoas e fez com que ficassem curiosas. Foram estas as chamadas criadas: "Em outubro de 1994, três estudantes de cinema desapareceram na floresta perto de Burkittsville, Maryland, enquanto filmavam um documentário... o filme foi encontrado 1 ano depois"; "Tudo o que você ouviu falar é verdade"; e "O filme mais assustador de todos os tempos é uma história real". Essas chamadas (ou *taglines,* na linguagem cinematográfica) cativaram a imaginação dos telespectadores e deixaram as pessoas curiosas sobre o que acontecera. Muitos se perguntaram se o filme era de fato real, o que os atraiu para assisti-lo. Além do mais, a ideia de cineastas desaparecidos tocou as pessoas em um nível emocional, ao provocar medo e curiosidade, deixando-as envolvidas pela história.

Outro filme com uma boa chamada foi *Atividade paranormal* (2007): "O que acontece quando você dorme?". Este é um conceito que chama a atenção das pessoas por ser uma pergunta que todo mundo já se fez e desperta a curiosidade da maioria. Se o título faz perguntas que o público já se havia feito, trata-se de um título forte.

Bons títulos se destacam. Um exemplo de um excelente título de noticiário é "A verdade dói: a competição de *video game* de 1 milhão de dólares". Atrai a atenção porque "A verdade dói" é específico, sucinto, e provoca uma reação emocional. E combinado com "a competição de *video game* de 1 milhão de dólares" desperta interesse, pois a maioria das pessoas nunca ouviu falar de uma competição de *video game* que oferece como prêmio 1 milhão de dólares. Este é um título capaz de atrair muitas pessoas para assistir pelo menos cinco segundos do vídeo ou ler um pouco mais sobre o tema. É relevante para a vida das pessoas e acessa suas necessidades, vontades e desejos.

Outro título impactante do noticiário é "Palácio de Buckingham: policial é ferido ao prender homem portando espada perto do palácio". Isso chama atenção, pois não é todo dia que alguém ataca os outros com uma espada. É algo único, possui uma nuance de realeza/celebridade, toca no medo humano do desconhecido, desperta interesse e prende a atenção.

Agora que você está começando a se familiarizar com títulos que funcionam bem, olhemos um exemplo pouco eficaz: "Trump sob fogo". Este título é muito vago e não desperta o seu desejo de clicar nele (a não ser que você seja obcecado por qualquer coisa envolvendo o presidente Trump). O problema poderia ser facilmente consertado se fosse substituído por qualquer um desses títulos: "5 motivos porque Trump sofrerá impeachment ano que vem", ou "Novo detalhe da investigação de Mueller aponta eventual impeachment de Trump", ou "A investigação de Mueller revela detalhes chocantes sobre negócios internacionais de Trump".

FAÇA UM TESTE A/B COM O TÍTULO

Depois de esclarecer o que deseja comunicar, você pode usar o teste A/B para encontrar a forma mais eficaz de fazê-lo. Talvez você esteja no ponto em que sabe o que tem a oferecer, tem clareza sobre o seu valor, mas não tem certeza do método mais cativante para atrair a atenção das pessoas através de uma mensagem. É aí que meu sistema pode realmente ser útil. É possível selecionar as mensagens essenciais e testá-las comparando umas e outras, em tempo real, para determinar qual delas tem um resultado melhor.

Para garantir que o título seja cativante, compare diferentes variações no Facebook. Temos uma variação A e uma variação B. Vamos voltar ao exemplo das quatro horas de trabalho semanal para compreender como usar e testar um título.

Tim Ferris usou o Google AdWords para testar o título e a capa de seu livro, o que foi extremamente inteligente e parte do motivo pelo qual seu livro se tornou um best-seller.[10] Mas isso foi antes do Facebook desenvolver

---

10 Cory Doctorow, "HOWTO use Google AdWords to Prototype and Test a Book Title", Boing Boing, 25 de outubro de 2010. Disponível (em inglês) em: <https://boingboing.net/2010/10/25/howto-use-google-adw.html>. Acesso em: 10 de fevereiro de 2020.

as sofisticadas e detalhadas opções de segmentação que agora possui. Se Ferris usasse meu sistema hoje, seria como repetir seu feito, porém *usando anabolizantes*.

Para começar, precisaríamos escolher um público-alvo tal como homens entre 18 e 25 anos que falam inglês, que vivem na América do Norte e Europa, e têm interesse em empreendedorismo. Iríamos configurar esses parâmetros com a variação A, *A jornada semanal de 4 horas*, e então duplicaríamos na variação B: *O Guia de Tim Ferris para Trabalhar Poucas Horas*. Ao testar comparando estes dois títulos em tempo real, podemos coletar muita informação interessante sobre que mensagem atrai melhor a atenção das pessoas.

A plataforma do Facebook é ótima para esses testes, pois permite que você seja muito específico quanto aos dados que estão sendo testados, e quanto ao público-alvo a ser visado para o teste. Você pode checar a reação provocada por uma mensagem específica em diferentes gêneros, idades, interesses específicos (ex.: cinema, livros, arte e carros), tipos de plataformas digitais, renda anual, patrimônio líquido e hábitos de consumo. Esse fato permite coletar dados muito específicos que podem ser úteis para alterar uma mensagem, campanha ou até mesmo um produto que você esteja vendendo.

Você terá certeza como determinado público reagirá à sua mensagem. E não gastará muito dinheiro para ter ótimos resultados. Com tão pouco quanto US$ 10, você pode receber um tesouro de informações valiosas que irão ajudá-lo a descobrir a forma mais eficaz de transmitir a mensagem de acordo com as suas necessidades.

A PSICOLOGIA DA COMUNICAÇÃO

Muitas vezes o conteúdo que você compartilha não é tão importante quanto o contexto que o envolve. Para tirar o máximo proveito do conteúdo é necessário ser um grande comunicador. As mídias sociais foram projetadas como uma forma de comunicação de mão dupla. O objetivo da comunicação é sempre alcançar a pessoa com a qual você se comunica. Jeff King, um especialista em Process Communication Model (PCM), ferramenta de observação comportamental que permite uma comunicação mais eficiente, tem sido muito muitíssimo influente na forma como eu, e grande parcela das corporações mundiais, criam conteúdo e se comunicam. O PCM foi criado por Taibi Kahler na década de 1970, e tem sido usado por pessoas muito influentes e bem-sucedidas, desde o presidente Bill Clinton a funcionários de seleção de astronautas da NASA e produtores do estúdio de animações Pixar.

King explica que, ao dar seminários sobre o PCM, sempre começa dizendo que a comunicação não diz respeito a você (apontando para ele mesmo), tem a ver com *você* (apontando para uma pessoa na plateia). A verdadeira função da comunicação é fazer a informação chegar às pessoas que se deseja atingir. E para alcançar alguém de forma eficaz, é necessário falar uma língua que compreendam. O PCM pode ser extremamente útil, pois lhe ajuda a acessar o estilo de comunicação da pessoa com a qual você se comunica. Fazê-lo permite ajustar melhor a sua mensagem à pessoa que precisa recebê-la, de modo que esta possa ouvi-la mais fácil e claramente. Pela experiência, King percebeu que normalmente somos muito egoístas na forma de nos comunicar; geralmente pensamos mais na nossa necessidade de expressão do que na pessoa que está ouvindo do outro lado – e isso é um erro. Se quisermos ser ouvidos claramente (e, por sua vez, espalhar ainda mais a nossa mensagem), precisamos sair um pouco de nós mesmos e realmente nos conectar com a outra pessoa. O PCM é uma ferramenta que nos ajuda a fazer isso.

O maior erro que costumo ver as pessoas cometerem, e que ajudo a corrigir ao trabalhar com os clientes, é criar conteúdo olhando através das lentes que eles mesmos usam para perceber o mundo, deixando de reconhecer que uma grande parcela da população percebe o mundo de outra maneira. Desse modo, a mensagem não chega de forma clara. Ao desenvolver conteúdo para determinado público, certifique-se de que não está criando apenas para você mesmo. É preciso olhar o conteúdo através da perspectiva do público. Dedique um tempo para pensar como o público percebe aquela amostra de conteúdo ou mensagem. É aí que o PCM torna-se útil.

King explica que o conteúdo tem que se conectar primeiro com as pessoas antes de elas o compartilharem com os outros. E pessoas diferentes se conectam de maneiras diferentes. Pessoas que percebem o mundo através dos sentimentos irão compartilhar conteúdo que as faça se sentir bem, enquanto outras que talvez percebam o mundo de uma forma lógica vão reagir positivamente ao conteúdo que apelar para sua razão. Quanto mais o conteúdo as faz vibrar, maior será a chance de compartilhá-lo.

No PCM existem seis tipos de personalidade: Pensadores, Perseverantes, Harmonizadores, Imaginativos, Rebeldes e Incentivadores. Cada tipo de personalidade vivencia o mundo de forma diferente. Os Pensadores percebem o mundo através dos pensamentos, a *lógica* é a sua moeda. Perseverantes percebem o mundo através das opiniões, e sua moeda é o *valor*. Harmonizadores percebem o mundo através das emoções, e a *compaixão* é sua moeda. Imaginativos percebem o mundo através da inércia, e *imaginação* é a sua moeda de troca. Os Rebeldes percebem o mundo pelas reações, e sua moeda é o *humor*. E por último, e certamente não menos importante, uma vez que geralmente são pessoas muito poderosas, os Incentivadores percebem o mundo através de ações, e o *charme* é a sua moeda. Todos os tipos de personalidades se encontram em cada um de nós, mas todos nascemos com um tipo predominante de personalidade que permanece inalterado ao longo da vida.

Façamos um exercício de criar um texto de anúncio de carro. Usando o PCM, King explica como criaria o conteúdo para ter certeza de ter comunicado a mensagem sobre o carro da forma mais clara possível, amarrando-a de uma maneira coerente para o entendimento de todos os tipo de personalidade. King sugere que se escreva algo assim:

Pense em um carro. Este modelo faz vinte e um quilômetros por litro. Sua velocidade máxima é a maior, comparada a da maioria dos modelos desta mesma categoria. Acreditamos que este carro seja mais valioso para o nosso consumidor em termos de custo benefício. Conclusão – é o melhor carro do mercado. Dá uma boa impressão, tem aparência bonita e é muito confortável de se dirigir. Todos os seus amigos *finalmente* vão querer sair com você porque este carro é incrível.

Agora vamos quebrar esta mensagem em tipos de personalidade e ver para qual deles se aplica cada frase:

- Esta frase emprega a LÓGICA e apela aos Pensadores: "Pense em um carro. Este modelo faz vinte e um quilômetros por litro. Sua velocidade máxima é a maior, comparada a da maioria dos modelos desta mesma categoria".
- Esta frase emprega o VALOR e fala aos Perseverantes: "Acreditamos que este carro seja mais valioso para o nosso consumidor em termos de custo benefício".
- Esta frase emprega o CHARME e apela aos Incentivadores: "Conclusão – é o melhor carro do mercado".
- A seguinte frase emprega os SENTIMENTOS/COMPAIXÃO e fala aos Harmonizadores: "Dá uma boa impressão, tem aparência bonita e é muito confortável de se dirigir".
- Esta frase emprega o HUMOR e agrada aos Rebeldes: "Todos os seus amigos, *finalmente*, vão querer sair com você porque este carro é incrível".

Como podemos ver, a anúncio é feito visando todos os tipos de personalidade (com exceção dos Imaginativos, pois é mais difícil se comunicar com eles neste contexto). Pensar dessa maneira permite atingir um público muito maior, composto de todo tipo de pessoas, sendo que o conteúdo precisa primeiro se comunicar com o indivíduo, antes dele compartilhá-lo com os outros. Aqueles que percebem o mundo através dos sentimentos irão compartilhar o conteúdo que os faça se sentir bem. Aqueles que percebem o mundo pelo viés do humor vão querer provocar risadas nos amigos também. O conteúdo que encontrar maior ressonância será o elegido para ser compartilhado.

Compreender como o seu público percebe o mundo, e incorporar este fato ao seu estilo de comunicação, é algo que pode ser muito eficaz para ajudá-lo a desenvolver conteúdo. King afirma que para atingir a maioria da população, o melhor é focar nos *sentimentos/compaixão*, que combinam com os Harmonizadores, que perfazem 30% da população norte-americana; *lógica*, que combina com os Pensadores, que perfazem 25%; e *humor*, que fala aos Rebeldes, que perfazem 20%. King recomenda focar nesses três tipos de personalidade para criar conteúdo e atingir um público bem amplo. Desta forma, você irá modelar o seu conteúdo de maneira a permitir que a maioria dos norte-americanos realmente ouça, compreenda e se envolva com sua mensagem.

O PCM se mostrou tão potente e eficaz que é usado por políticos do mais alto nível. Um dos pontos-chave da virada nas eleições presidenciais de 1996 foi quando Bill Clinton ganhou um debate crítico contra George Bush. King explica que, durante o debate, havia uma mulher que perguntou como cada partido iria ajudar as pessoas na mesma situação que ela – sua família vivia na pobreza, quase passando fome. A resposta que Bush deu à pergunta foi racional e lógica, além de expressar valores e opiniões. Contudo, a mulher percebia o mundo através de sentimentos e emoções, e assim a resposta de Bush não encontrou ressonância nela. Por outro lado, Clinton percebeu logo o estilo de comunicação da mulher, e antes de responder à sua pergunta, olhou para ela e disse: "Eu sinto sua dor". Neste momento criou um laço muito profundo com ela. Percebeu que era uma pessoa emotiva (como 30% da população norte-americana). Ao usar essas palavras, ele conquistou imediatamente a confiança das pessoas desse grupo e fez com que a mulher (e as pessoas como ela) se sentisse compreendida e ouvida.

Sabe-se que Clinton havia dominado a técnica do PCM. King afirma que isso o ajudou a se tornar presidente dos Estados Unidos, porque pôs o foco em incluir sentimentos, lógica e humor em seus discursos. As pessoas podem não concordar em todos os pontos ideológicos de Clinton, mas a maioria o considera um grande comunicador que fala diretamente a elas. Ele estudou profundamente essa técnica e sabe como identificar o tipo de personalidade da pessoa muito rápido. Além disso, quando fala a um público amplo, é certo que agradará todos os gostos.

Lembre-se, nem sempre se trata somente do conteúdo, e sim do contexto em que se apresenta o conteúdo. Crie suas mensagens de forma a despertar ressonância nos diferentes tipos de percepção pessoal do mundo. Comunique a mesma mensagem em estilos diferentes. Isso permite que você amplie ao máximo o alcance do seu conteúdo e – pois é, gente – atraia mais aquela atenção pela qual você anseia. (Brincadeira. Lembre-se, o importante é doar. Por favor, me diga que você andou prestando atenção).

SEJA RELEVANTE

Ao pensar em como estruturar um título e que mensagem compartilhar, veja alguns caminhos que você que você poderá seguir. O título nunca vai emplacar se as pessoas não se interessarem pelo conteúdo. É preciso encontrar uma maneira de pegar o que você tem a oferecer e ligar a algo que já esteja dando certo, tornando acessível. Qualquer conteúdo popular compartilhado com frequência pode ser agrupado dentro de cinco categorias:

→ Inspiracional, motivacional e aspiracional
→ Política/notícias
→ Entretenimento
→ Comédia
→ Animais de estimação

Mesmo que sua marca não esteja diretamente ligada a esses tipos de conteúdo, você pode usá-los vantajosamente encontrando uma maneira de ligar sua mensagem ao que já tem popularidade, aumentando as visualizações e os compartilhamentos. É necessário analisar a mensagem central, o seu gancho, e amarrar suas mensagens específicas a tendências populares e relevantes.

Ao construir minha base de fãs, aproveitei substancialmente conteúdos motivacionais e aspiracionais. Liguei minha mensagem sobre conquistar seguidores usando as redes sociais de forma mais efetiva, como ajudar as pessoas a perseguirem seus sonhos. Ligar minha mensagem aos sonhos das pessoas me permitiu atrair a atenção destas de forma mais eficaz do que se tivesse simplesmente falado, "essa é a melhor maneira de usar as redes sociais". Depois que consegui 1 milhão de seguidores, meu gancho mudou para "de 0 a 1 milhão de seguidores em trinta dias". Usando essa isca, criei uma campanha de vídeo no

Facebook que teve mais de 5 mil inscrições em sessenta dias, pessoas do mundo todo queriam me contratar para aprender como por em prática o meu sistema.

Também produzi um conteúdo de fundo político junto com um podcast que fiz sobre o PCM. Minha mensagem não é política, não estou metido em política, mas sabia que ao usar um viés político no podcast com a entrevista de Jeff King sobre o PCM, daria um gancho mais forte ao conteúdo. Podíamos associar essa mensagem à disputa eleitoral de Hillary Clinton contra Donald Trump, assunto passional na época para muitas pessoas. Ao associar PCM e Jeff King a algo relevante e atual na vida das pessoas, meu conteúdo se tornou mais acessível.

Teria sido muito chato seu tivesse promovido esta informação dizendo "o PCM é uma psicologia comportamental que ajuda as pessoas a se comunicarem de forma mais eficaz". É muito vago e ninguém prestaria atenção. Em vez disso, peguei a mensagem e amarrei-a a diversas referências da cultura pop que também despertavam interesse nas pessoas. Quando entrevistei King, fiz questão de lhe perguntar quais tipos de personalidades as maiores celebridades e figuras públicas encarnavam. Usei o título "descubra porque Tom Cruise, Leonardo DiCaprio e Donald Trump têm o mesmo tipo de personalidade". Esse tipo de título chama muito mais atenção que apenas dizer que o PCM é um método útil de comunicação.

↰
Você pode ver exatamente como associei temas atuais e importantes ao PCM ouvindo a entrevista (em inglês) no podcast aqui: www.optin.tv/jeff-king

↰
É possível também assistir aos vídeos (em inglês) que criamos da entrevista em minha página no Facebook: www.facebook.com/BrendanJamesKane

É possível encontrar temas populares que podem se associar a praticamente qualquer mensagem, e isso é necessário mesmo quando sua informação se encaixa em uma das cinco categorias. Tenho uma amiga chamada Stephanie Barkley, comediante e talentosa influenciadora no Instagram. Ela se promoveu maciçamente e deu o recado sobre seu talento humorístico ao fazer um esquete sobre Melania Trump. Stephanie ainda está aumentando o número de seus fãs, por isso necessita criar conteúdo que engaje, entretenha e capture a atenção das pessoas que não conhecem o seu trabalho. Se usasse um título como "Stephanie Barkley faz ótimos esquetes humorísticos", a mensagem ficaria muito distante e irrelevante para a maioria das pessoas. Seria também ineficaz para acumular seguidores e relevante apenas para os fãs de carteirinha. Porém, "O que Melania Trump realmente acha de morar com Donald Trump" atraiu mais atenção do público.

Nunca é demais enfatizar que em virtude dos 60 bilhões de mensagens emitidas diariamente nas plataformas, as pessoas precisam buscar destaque. Contudo, a boa nova é que, dessas 60 bilhões de mensagens, a vasta maioria não é interessante ou relevante. Portanto, isso lhe dá uma vantagem. Crie mensagens que o público tenha interesse em ouvir.

APELE PARA O EMOCIONAL

Outra pergunta que se deve sempre fazer ao criar conteúdo é: "Este conteúdo provocará uma reação emotiva no espectador?". Qualquer conteúdo que possa provocar uma reação emotiva nos espectadores tem valor. Ao criar uma amostra do conteúdo e pensar na mensagem, é bom se perguntar se é possível provocar riso, choro, sorriso, sentimento de raiva, inspiração ou emoção forte pelo que está sendo dito. Conteúdos com mensagens emocionais fazem as pessoas compartilharem. Se o conteúdo comove o público, há maior chance e tendência a exteriorizar e compartilhá-lo com outros.

Ligado a essa ideia, temos o conceito de moeda social. O livro de Jonah Berger, de 2013, *Contágio: por que as coisas pegam*, explica psicologicamente aquilo que afeta nosso comportamento, ilustra como fazer as pessoas compartilharem mensagens, e apresenta a ideia de moeda social. A moeda social é o conteúdo que compartilhamos por achar que é correto fazê-lo. Pensamos que compartilhar nos fará parecer mais inteligentes, mais prestativos.

O BuzzFeed teve um tremendo sucesso ao implantar a tática da moeda social na página do Facebook de sua marca de comida Tasty. Em setembro de 2018, a página principal da Tasty no Facebook era a terceira maior conta de vídeo da plataforma, com cerca de 1,7 bilhão de visualizações. A Tasty faz vídeos simples de receitas, de formato especialmente visual, que ensinam as pessoas a fazer comidas deliciosas. Ao compartilhar esses vídeos, os fãs sentiam que estavam ajudando o amigo a aprender a cozinhar pratos que alegrariam suas famílias e amigos. E os faz se sentir importantes ao compartilhar informação sobre um assunto de valor para a maioria das pessoas (quase todo mundo ama a boa comida). As pessoas compartilham esse conteúdo com enorme rapidez por conta do lucro em moeda social.

O compartilhamento de artigos sobre a morte do ator norte-americano Bill Paxton também ilustra a eficácia dessa tática. Os artigos sobre sua morte evocaram uma intensa reação emocional e essa informação foi compartilhada. Algumas pessoas compartilhavam pelo caráter emocional, enquanto outras o faziam devido ao lucro em moeda social – sentiam-se importantes por serem os primeiros no mundo a contar que Bill Paxton morrera.

Por algum motivo, a morte de celebridades é um assunto que, se usado corretamente, pode ser muito útil para as suas estratégias de mensagem. Uma vez, criei um website de fontes de informações para auxiliar no tratamento de abuso de drogas e álcool. Este não é um assunto muito atraente. Normalmente as pessoas ficam envergonhadas e não querem ser associadas ao vício. É um conteúdo geralmente difícil de ser curtido ou compartilhado. Mas descobri uma maneira de torná-lo mais acessível e compartilhável junto ao público.

Ao associar a morte de celebridades ao resultado do abuso de drogas e álcool, e falando sobre celebridades que lutam contra o vício, tornei mais compartilhável essa importante e útil informação. Fiz um link entre o site de informações e a morte do *rock star* Chris Cornell, e também com histórias de algumas Kardashians que lutavam com o abuso do álcool e drogas.

Entrei nesse viés de celebridades para chamar atenção e fazer as pessoas visitarem o website. Talvez elas até tenham acessado o site para ler essa fofoca sobre supercelebridades, mas o artigo tinha substância. Havia informação sobre o que fazer se você ou alguém que você conhecesse estivesse lutando contra o vício. As pessoas chegaram ao conteúdo por meio do entretenimento – e tenho certeza que grande percentagem não viu nenhum outro valor fora disso – mas houve um segmento razoável de pessoas que saiu com dicas úteis sobre o abuso de álcool e drogas. A informação contida ali os fez pensar duas vezes, e talvez adquirir recursos para ajudar algum familiar, amigo, ou eles mesmos, caso estivessem lutando contra esses problemas.

Repetindo, havia bastante informação ali sobre abuso de drogas e álcool. Não é um assunto novo, porém, gerar uma estratégia de mensagem que dê destaque à informação e crie uma isca original para atrair a atenção das pessoas é essencial. A mensagem se torna mais relevante para um número maior de pessoas.

Você pode olhar no Facebook para descobrir quais assuntos estão em alta e aprender com essas mensagens. Os assuntos em alta podem ajudá-lo a escolher o conteúdo que deve compartilhar em determinado dia, e lhe mostrar exemplos de chamadas que despertam interesse. Essa informação pode ajudar-lhe a jogar com novos ângulos da história e amarrar seu conteúdo a temas que já estejam gerando interesse.

ESTUDO DE CASO – KATIE COURIC

Katie Couric, jornalista norte-americana, uma vez me abordou com um problema. Na época, sua carreira de muito sucesso havia sido criada segundo o modelo de distribuição que priorizava a TV. Ela havia até quebrado barreiras a tornara-se a primeira mulher a apresentar o noticiário sozinha, e tinha mais de 20 anos de experiência na televisão, em programas importantes como o *Today Show*, NBC *Nightly News*, CBS *Evening*

New e ABC *News*, o que fazia dela uma das jornalistas de maior importância dos Estados Unidos. Katie atingia milhões de pessoas todos os dias, e seus fãs já estavam acostumados a sintonizar a TV na hora exata para assistir ao seu conteúdo. Eles sabiam que toda manhã podiam ver Katie enquanto se preparavam para o seu dia. Ela fazia parte da rotina das pessoas.

Então, em 2013, Katie mudou drasticamente ao fazer parceria com o *Yahoo!*. Embora fosse uma pioneira digital que adotara as redes sociais na época em que trabalhava no *The Today Show*, Katie ainda tendia a uma estratégia primariamente digital, o que transformou completamente o seu relacionamento costumeiro com os fãs. Por conta disso, estes reclamavam constantemente que tinham dificuldade de encontrar seu conteúdo. Não havia mais um horário determinado para assisti-la, e os fãs lutavam para encontrar e fazer contato com Katie.

Em nosso primeiro encontro, Katie me perguntou o que poderia ser feito para resolver esse problema. Ela precisava de uma solução rápida. Perguntei-lhe quando era a próxima entrevista, e a resposta foi "Daqui a duas horas". Respondi: "Perfeito! Temos tempo de sobra para bolar uma nova estratégia". Ela ia entrevistar a atriz Elizabeth Banks. Levei alguns minutos para explicar que precisávamos identificar assuntos que provocariam uma intensa reação emocional em determinados públicos, e que resultaria em compartilhamentos muito rápidos do conteúdo com seus pares.

Elizabeth Banks, que atuou em *Jogos vorazes* e nas sequências de *A escolha perfeita*, é também uma líder feminista sem papas na língua, e estes foram os temas específicos com os quais estruturamos a entrevista. Elaboramos perguntas que tinham mais chances de provocar uma forte reação emocional nos fãs interessados nesses assuntos. A partir daí, editamos diversos clipes de trinta a noventa segundos de duração, de cada um desses segmentos da entrevista, e criamos cerca de cinquenta a cem variações para cada clipe. Depois fizemos um teste A/B no Facebook para descobrir comparativamente qual a variação compartilhada mais rapidamente entre pares de determinado público. Criamos um conteúdo específico sobre *Jogos vorazes* que distribuímos para os fãs do filme.

Também criamos conteúdo específico para os fãs de *A escolha perfeita* e para adeptos do feminismo. Isso fez com que as pessoas que não eram fãs de Katie Couric ficassem suficientemente interessadas e até se prontificassem a compartilhar a marca de Katie. Então, uma vez alcançado esse potencial de compartilhamento, podíamos dizer "Ei, olha aqui, se você gosta deste clipe da Elizabeth Banks falando sobre *Jogos vorazes*, porque não vem aqui no *Yahoo!* para assistir a entrevista completa?". A estratégia era usar fãs de carteirinha de determinado tema, celebridades e novas histórias para compartilhar o conteúdo de Katie de forma a extrapolar o conjunto de seus fãs, e expor o conteúdo a um novo público. Fragmentar dessa forma gerou uma enorme exposição para Katie *e* para a marca *Yahoo!*

Durante dezesseis meses essa fórmula foi utilizada em todas as entrevistas de Katie. Obteve cerca de 150 milhões de visualizações, aumentou os compartilhamentos nas redes sociais em 200%, e poupou o *Yahoo!* de uma despesa de milhões de dólares com tráfego pago. Uma típica entrevista dela na TV atingia algumas centenas de milhares de espectadores, e com essa nova estratégia estávamos agora, em média, com mais de 1 milhão de visualizações por entrevista. A nossa entrevista de maior sucesso foi com Brandon Stanton, o fundador do fotoblog *Humans of New York*. Essa entrevista sozinha gerou mais de 30 milhões de visualizações e foi compartilhada 300 mil vezes. Um grande número de entrevistas bem-sucedidas contou com celebridades, pessoas proeminentes e figuras públicas como Dj Khaled, Joe Biden, Gal Gadot, Bryan Cranston, Deepak Chopra, Chance the Rapper, Edward Snowden, Skrillex e Jessica Chastain.

Direcionamos milhões de pessoas todo o mês para o *Yahoo!*, para assistirem as entrevistas de Katie. As pessoas paravam Katie na rua para dizer que estavam vendo seu conteúdo novamente.

Por que esse processo funcionou? Durante dezesseis meses, rodamos mais de 60 mil variações do conteúdo dos duzentos segmentos de entrevistas. Dizia sempre a Katie para não se apaixonar por nenhum segmento específico. Em vez disso, se uma entrevista não fosse bem-sucedida, olhávamos para os dados, identificávamos o que havia funcionado e melhorávamos a seguinte. Com essa abordagem ágil na produção das mensagens, aprendemos muito rapidamente o que funcionava e o que não funcionava quanto à distribuição do conteúdo e marca de Katie, em mais alto nível. Em cada entrevista aprendíamos e criávamos o conteúdo e estratégia da mensagem. Chegamos ao ponto de saber identificar exatamente quem entrevistar, quais assuntos e temas cobrir, e até quais perguntas especificas fazer. Por fim, nossa estratégia nos permitiu adaptar rapidamente o conteúdo de Katie, adequado ao habitual comportamento de priorizar a TV, para o consumo prioritariamente digital, tudo isso depois de descobrir as mensagens que tinham relevância.

Agora é a sua vez. Pegue essa informação e aplique-a no próximo conteúdo que criar. Encontre formas de ligar suas mensagens a temas já populares, gerando interesse sobre o que você está produzindo.

DICAS RÁPIDAS E RECAPITULAÇÃO

- Defina seu gancho, descobrindo o que o faz ser único.
- Escolha um ótimo título tornando-o específico e relevante.
- Adapte seu conteúdo ao interesse do público.
- Faça testes A/B com os títulos para descobrir qual é mais útil e relevante.
- Use a psicologia do comportamento humano para comunicar sua mensagem com clareza a diferentes tipos de público. Fale de uma maneira que o público possa compreender o que é essencial. Lembre-se que de acordo com o PCM, se você focar na LÓGICA, HUMOR e EMOÇÕES obterá ressonância com a maioria da população norte-americana.
- Encontre mensagens que façam o público se indagar sobre coisas em que já pensava, mas para as quais não encontrava respostas.
- Determine se as categorias: motivacional, política, humor, entretenimento, animais de estimação e moeda social, podem ser aproveitadas para atrair atenção para o seu conteúdo.
- Crie conteúdo e mensagens que comovam as pessoas.
- Saiba quais assuntos estão em alta no Facebook e on-line.

4
FAÇA AJUSTES FINOS POR MEIO DE TESTES NAS MÍDIAS SOCIAIS

Já discutimos e frisamos a importância dos testes no meu sistema. Este capítulo é uma continuação desse tema e das estratégias e filosofias sobre testagem utilizadas por alguns dos maiores cérebros digitais. Para descobrir o que dá certo com o seu público, é preciso testar, brincar e descobrir. Se não houver repercussão do seu conteúdo, continue a testar e ajustar até encontrar o que funciona. Como diz Katie Couric: "Uma das coisas mais importantes que aprendi de Brendan é ter agilidade". Se algo não der certo, tudo bem; é preciso aprender com isso e dar logo uma guinada.

Quero que você adquira o hábito de testar constantemente – de observar as reações de seu público e saber como ele se envolve com o seu conteúdo em tempo real. A análise dos resultados o ajuda a entender a eficácia de suas estratégias de conteúdo. Deste modo, você cria círculos imediatos de feedback. Uma coisa é pegar os indicadores e os dados, outra coisa é aprender realmente com eles. Você precisa olhar claramente e ser sincero com você mesmo. Se algo não der certo, não fique frustrado e derrotado. Olhe para esse algo e se pergunte, "Está certo, por que não funcionou? Por que este elemento do conteúdo foi compartilhado milhares de vezes, e esse outro só uma vez?". Analise os dois gráficos, o que deu certo e o que não deu. Então você pode começar a fazer conjecturas sobre suas estratégias de conteúdo a curto e a longo prazo. Observe qual o conteúdo que estimula o envolvimento de alguém, estimula a seguir a sua página, compartilhar seu conteúdo, comprar seu produto, e assim por diante. Use a plataforma de anúncios do Facebook (que também alimenta o Instagram, WhatsApp e Facebook Messenger) como ferramenta de busca de marketing, tal como discutimos no Capítulo 1, para realmente entender o que é preciso para induzir alguém a efetuar uma determinada ação.

O VALOR DE TESTAR

Testar não é um conceito novo – todo mundo, desde cientistas a empresários, já usou esse expediente. A experimentação deliberada foi até o segredo do sucesso de Thomas Edison na invenção da lâmpada elétrica, sendo atualmente a arma secreta do Facebook. Na verdade, segundo um artigo em *Medium.com*, o Facebook geralmente tem dezenas de milhares de versões em funcionamento para testar qual será a mais eficaz para os usuários. O fundador, Mark Zuckerberg, afirma que a experimentação é a estratégia que define o sucesso de sua empresa.[11]

O princípio básico da testagem vem da ciência, sendo explicado como "teoria, previsão, experimentação e observação". No mundo dos negócios, esse modelo é resumido como "planejar, fazer, verificar, agir". No meu sistema, como "conjecturar, testar, alterar." No fundo, é tudo o mesmo. Esse é o processo que funciona para se criar qualquer coisa.

David Oh diz que se você quiser crescer, é preciso testar. Ele exorta as empresas a colocarem em prática sistemas e processos de avaliação e observação, e depois agir decididamente todas as vezes que for necessário. Sua companhia testa tudo no seu website e plataforma de mídias sociais, até mesmo considerações aparentemente triviais como fotos e cores (nos anúncios e nas páginas de destino), estilos de teclas, lemas e a quantidade de formulários a serem preenchidos pelos usuários.

Pense que você é um estudante. As pessoas bem-sucedidas estão dispostas a aprender e fracassar. Trata-se do processo básico da vida. Apesar da conquista de 1 milhão de seguidores não passar de um conceito abstrato, Oh diz que não é muito diferente de aprender a andar. Primeiro, a gente cai. Para criar 1 milhão de seguidores, ou 100 milhões de dólares de renda, a gente precisa também ficar caindo até aprender a andar. Precisamos criar um processo regular de fazê-lo cada vez de novo. É o que as pessoas de sucesso fazem em todas as esferas da vida. Elas testam e aprendem, e usam o que aprenderam como combustível.

David acredita que o processo tem um valor em si. A flexibilidade é importante. Primeiro você pensa em alguma coisa, experimenta e depois faz os ajustes de acordo com os resultados. A partir de um erro, é

---

11 Michael Simmons, "Forget The 10,000-Hour Rule; Edison, Bezos, & Zuckerberg Follow The 10,000-Experiment Rule", *Medium.com*, 26 de outubro de 2017. Disponível (em inglês) em: <https://medium.com/accelerated-intelligence/forget-about-the-10-000-hour-rule-7b7a39343523>. Acesso em: 10 de fevereiro de 2020.

possível um ligeiro progresso, e um retumbante sucesso. Depois você cria variações, diversas versões. E repete sem parar – é o tipo de perseverança que todos conhecem intuitivamente.

Jonathan Skogmo, fundador e executivo-chefe da Jukin Media, empresa que recebe atualmente perto de 3 bilhões de visualizações por mês e tem mais de 80 milhões de seguidores em todos os canais setorizados, concorda com isso e afirma que a sua equipe testa conteúdo o tempo todo. Ela observa o que funciona e o que não funciona. Testa diferentes conteúdos, imagens miniaturizadas e a hora em que postam. Testar é parte importante da cultura da Jukin Media.

A equipe de Tim Greenberg na Liga Mundial de Surf faz o mesmo. Eles exibem várias versões de vídeos para todas as campanhas. Tanto se estiver fazendo a campanha de conscientização da Billabong Pipe Masters ou da Pro Tahiti, ela lança múltiplas versões no mercado, com variações no texto ou formato. Em seguida, as testam novamente no mesmo público. E, por fim, acabam ficando com as mais bem-sucedidas – as que sobrevivem à fase de testes.

NUNCA PARE DE TESTAR

Prince EA diz que continua a testar mesmo depois de ter criado 2 bilhões de visualizações. É um processo infindável porque a gente se leva constantemente a experimentar coisas novas.

O mais importante é realmente aprender com os resultados. Noto que as pessoas muitas vezes têm preguiça. Testam cinco ou dez variáveis que infelizmente não darão os melhores resultados em 95% das vezes. Não repercutirão no máximo de público possível. As pessoas acabam frustradas, mas precisam continuar a testar. A maioria não faz gol do meio de campo imediatamente. De início, o seu custo por seguidor não vai sair superbarato, nem o seu conteúdo vai viralizar – poderia, mas só vai acontecer mesmo com menos de 1% dos leitores deste livro. Eu mesmo raramente consigo. Vivo testando, aprendendo e esticando os limites da plataforma. Além disso, quanto mais informação se colhe dos testes, melhor será para a produção de bom conteúdo. Dê-se tempo para aprender como baixar dramaticamente o custo por compartilhamento ou qualquer indicador-chave de desempenho.

Chris Williams, fundador e executivo-chefe da pocket.watch, uma companhia de entretenimento infantil, e ex-diretor de audiência do Maker Studios, que também lançou a Disney On-line Originals (uma divisão da Walt Disney Company voltada para conteúdo abreviado com a marca Disney), aconselha que é preciso olhar o conteúdo como os engenheiros olham para o software. Exiba, veja, repita, e veja de novo o que acontece. A beleza das plataformas digitais é que você consegue criar conteúdo e repetir muito rápido, ao contrário da TV ou das matérias em revistas em que esse processo é muito mais demorado. A beleza das mídias sociais é que você pode ver imediatamente quem está acertando, e se inspirar no que já está fazendo sucesso ali. Exponha, teste o conteúdo, avalie a reação, e repita rápido.

QUANTAS PEÇAS DE CRIAÇÃO DEVEM SER TESTADAS POR DIA?

Você deveria estar constantemente testando e trabalhando na promoção de sua marca, mas a quantidade de peças de criação a se testar por dia depende da quantidade de interesses relacionados à sua marca. Quantas palavras-chave/interesses-alvo você consegue descobrir, que possam representar o público que deseja construir? Se você tiver apenas dez interesses relevantes para sua marca, precisará de mais peças de conteúdo criativo. Se a sua marca tiver maior abrangência, você precisará possivelmente de duzentos pacotes de anúncios (para aprender como organizar isso, visite www.optin.tv/fbtutorials).

Se você for ator, por exemplo, pode visar não apenas em quem se interessa por direção ou produção, mas também nas pessoas que curtem cada filme relevante com a marca desse pessoal – e existem centenas de filmes potencialmente relevantes. Por outro lado, se a sua marca está relacionada com esporte, talvez existam apenas vinte esferas de interesse relevantes que poderiam ser transformadas em pacotes de anúncios. Tudo depende do assunto.

Usar citações e combiná-las com fotos é um modelo fácil de seguir que recomendo muito para começar. Uma vez, criei 1 milhão de seguidores em duas semanas para uma campanha não lucrativa dedicada à proteção do mar. Visamos cerca de vinte interesses diferentes. O conteúdo criativo foi uma citação combinada a uma imagem do mar. Usei dez imagens e dez citações. Cada imagem foi combinada com uma das citações e cada uma dessas variáveis foi testada junto a dez e vinte interesses. Testamos cerca de mil variáveis de conteúdo. As três variações mais bem-sucedidas foram:

→ Citação de um ativista da vida selvagem e vida marinha, Paul Watson, que disse: "Os oceanos são o último reduto gratuito do planeta", com a foto de uma mulher andando de prancha ao lado de uma bela onda.
→ Citação da oceanógrafa Sylvia Earle, dizendo: "Sem água, sem vida. Sem azul, sem verde", acompanhada pelo vídeo de um dos meus amigos andando de prancha ao lado de uma baleia-cinzenta acompanhada de sua jovem cria.
→ Um título que dizia: "Um dos muitos e belos motivos de proteger nossos oceanos", com a foto da cauda de uma baleia se projetando da superfície, antes de mergulhar nas profundezas do mar.

Testar mil variações nos faz aprender. Você vai descobrir que até mesmo um pequeno ajuste em uma palavra ou cor de fundo pode fazer toda a diferença no mundo. E, a despeito de parecer entediante, ao duplicar os pacotes de anúncios, você pode criar mil variações em menos de uma hora. Crie um pacote de anúncios e depois vá duplicando e trocando diferentes interesses. Não precisa criar as citações do zero – duplique por meio de ligeiras variações.

Para decidir que anúncios ficarão em atividade, pense no seu objetivo. Se sua meta é um centavo de dólar por seguidor, e todos os anúncios estão dando esse resultado, deixe-os expostos. Volte sempre para a equação, "Quero conseguir 1 milhão de seguidores e fazê-lo por 10 mil dólares". Se esta for a sua meta, então é preciso chegar a um centavo de dólar por seguidor. Se o anúncio não está dando um centavo por seguidor, então simplesmente o retire e tente uma nova variação que dê o resultado que você está tentando obter. Lembre-se de testar e medir em escala tantos tipos de conteúdo quanto possível, para aprender o que faz o seu público vibrar mais.

Quando passei o mês criando 1 milhão de seguidores, eu mensurava – em tempo real – o índice de reação do conteúdo que conquistava novos seguidores. Testava centenas – e em certos casos, milhares – de variações para determinar qual delas dava melhor resultado. Toda noite, à meia-noite, eu lançava de cem a trezentas variações de conteúdo, e ao acordar de manhã media os resultados e organizava um novo teste para a noite seguinte. No decorrer de trinta dias, eu testei mais de 5 mil variações de conteúdo.

DÊ OUVIDOS AO SEU PÚBLICO

Um dos mais bem-sucedidos produtores cinematográficos, executivos de mídia e investidores de Hollywood, Jon Jashni, acredita em dar ouvidos ao seu consumidor. Ele frisa que você deveria vê-lo *como seu parceiro* nesse processo. Se você estiver constantemente oferecendo pedaços substanciais de sua arte, poderá criar um laço. Ele é capaz de receber a sua oferta e lhe dar um imediato feedback. Pode literalmente lhe dizer que amou o conteúdo que você postou.

É valioso receber esse feedback da sua rede de mídias sociais, de maneira compreensível e prática. Reaja rápido, porque se você achar que isso não merece pressa, ele pode procurar outra plataforma que pareça lhe dar mais valor.

AS FERRAMENTAS DE BUSCA O AJUDAM A OUVIR, TESTAR, APRENDER

Latham Arneson nos informa que o Google AdWords pode ser aproveitado como ferramenta para esclarecer o que as pessoas já buscam. Ajuda a compreender as palavras-chave que você busca. Não é a mesma coisa que exibir conteúdo às pessoas por meio das plataformas digitais. A grande diferença entre o método de busca e o método social é que este é um modelo que empurra, enquanto o de busca puxa. Assistir a conteúdo no feed de notícias do Facebook é mais comparável à publicidade na TV do que à busca por algo específico no Google. As pessoas ainda podem comentar sobre o conteúdo no Facebook, mas não é o mesmo que ir ao Google para descobrir informação – que demonstra um nível de interesse com muito mais iniciativa.

As ferramentas baseadas na busca permitem testar as mensagens e a observar o que as pessoas andam falando sobre diversos tópicos. É possível ver se há atividade de busca nas palavras-chave relativas à sua marca ou produto – se as pessoas estão buscando ativamente saber mais. A busca nos dá uma boa indicação sobre o possível desempenho da nossa mensagem.

Quando a equipe de Arneson trabalhou no filme de 2008 chamado *Cloverfield,* por exemplo, percebeu que as pessoas buscavam termos relativos ao filme, tais como "JJ Abrams", o produtor do filme, e a data do seu lançamento (de início usou a data do lançamento como uma isca parcial de marketing, porque ainda não tinham anunciado o nome do filme). Ao observar as palavras-chave buscadas com maior frequência, criou-se um *loop* de feedback, que lhe informou que aspectos do material de marketing valia a pena promover em campanhas futuras.

O AdWords também pode ajudar a comparar o índice de busca gerado pelo seu conteúdo em contraposição ao de outras marcas e produtos parecidos. Arneson acrescenta que existe uma ferramenta pública chamada Google Trends, que fornece um índice de busca relativo, e permite perceber se você está sendo buscado com tanta frequência quanto as demais marcas. Essas ferramentas são extremamente poderosas. Elas fornecem uma visão das situações dos competidores, impossível de se obter em qualquer outro lugar. Se as pessoas buscam mais você do que seus rivais, é um forte indício que o seu produto ou marca irá vender.

Alguns de vocês podem não estar na situação de serem procurados pelo nome ou pelo seu produto, mas essas ferramentas ainda podem ser usadas para a informação sobre o conteúdo. Arneson diz, por exemplo, que se você estiver lançando uma marca de ioga, poderá ver o que as pessoas buscam em relação à ioga e usá-lo para dirigir suas decisões sobre o marketing de conteúdo. Você pode descobrir se as pessoas estão mais interessadas nas toalhas ou esteiras de ioga, ou se existem quaisquer piadas ou tópicos relativos ao mundo da ioga. Conhecer esta informação pode lhe ajudar onde focar seus esforços. Pode até ajudá-lo nas suas decisões de negócios. Você ficará sabendo quais os produtos que estão em evidência e merecem ser promovidos.

Além do mais, essas ferramentas podem ser úteis para determinar o tamanho de seu mercado. Você pode até obter uma noção do nível de interesse antes de desenvolver um produto ou peça de conteúdo. O Facebook também pode lhe dar uma noção do nível de interesse quando lhe mostra que 10 milhões de pessoas "curtem" ioga, mas uma ferramenta baseada na busca pode lhe mostrar quantas pessoas estão atualmente buscando um produto ou termo específico. O fato de haver uma busca por parte das pessoas torna isso mais ativo e pragmático.

A ESCUTA SOCIAL

Escuta social é o processo de monitorar as conversas digitais para ajudá-lo a compreender o que dizem os consumidores on-line sobre determinada marca, pessoa ou indústria. É usada para colher feedback útil para diferenciar a sua marca, produto ou serviço. A equipe de Arneson na Paramount utilizava a escuta social para compreender que aspectos dos filmes eram mais apreciados pelas pessoas. Sua equipe observava os filmes que realmente tinham sucesso e prestava atenção no que as pessoas falavam. Era o enredo que prendia sua atenção ou os personagens? É uma valiosa informação para que entendesse como comercializar filmes atuais e futuros. E colaborou para conhecer o que mexia com as pessoas.

Importa saber que esse processo leva tempo e exige muita análise de dados. Arneson explica que não basta olhar apenas o topo da lista de assuntos mais discutidos pelas pessoas. É preciso ir mais fundo e descobrir o porquê de elas estarem falando sobre o que estão falando. Você precisa interpretar as mensagens e usar sua avaliação da melhor maneira possível para criar conteúdo novo, ou ajustar o conteúdo que já tem e ver como os outros reagem. Em seguida, ouça e ajuste de novo de acordo com isso. Trata-se de um processo de observar/testar em evolução, porque nunca fica inteiramente definido. Ninguém virá dizendo, "Adoro esse vídeo porque ele me faz ficar de bem comigo mesmo". A coisa jamais será tão óbvia.

Arneson frisa a importância de observar a mudança de tendências no decorrer do tempo. Observe como os outros reagem a seu conteúdo ou produto no início, e então observe a mudança de suas reações com o passar do tempo. Fazê-lo lhe dá um contexto de fundo para compreender que tipo de conteúdo e mensagem é importante promover. Com o tempo, acaba-se aprendendo a maneira de usar o que as pessoas falam para informar os nossos esforços contínuos e mudar a conversa para atender às necessidades delas.

Dispor do contexto de fundo também nos dá um ponto de ancoragem para a análise e nos ajuda a determinar se existem comentários que podem ser ignorados. Digamos que alguém reclama de alguma peça de conteúdo. Mas então você recua e vê que no passado havia outras pessoas que gostavam de postagens semelhantes. Na posse dos dados, você terá um ponto de comparação para manter as coisas em perspectiva e determinar os problemas – se os há – que merecem uma reação. Se você conserva os registros no decorrer do tempo, terá um panorama mais amplo e uma compreensão mais clara de como e porquê os outros se envolvem com você.

Se você representa uma grande marca e a quantidade de informação for avassaladora, é sempre possível contratar uma empresa para ajudá-lo na escuta social. No entanto, a maioria de vocês está em um estágio em que é bastante viável fazê-lo sozinho. Basta ler e registrar os comentários nas suas postagens, e usar as ferramentas de busca disponíveis na plataforma para consultar as palavras-chave em torno do seu conteúdo. Além do mais, você pode ir até as páginas dos seus rivais e registrar os comentários e as informações sobre o conteúdo que estão ou não dando certo, nas redes sociais deles. Tenha certeza de que registrou o que aprendeu, de modo a poder tomar distância a cada semana, ou mês, para fazer uma análise comparativa.

FAÇA PERGUNTAS AOS SEUS CONSUMIDORES E PENSE A PARTIR DO PONTO DE VISTA DELES

Arneson acrescenta que é importante fazer claras distinções entre as coisas que você está testando. Não mude apenas uma palavra – isso não faz tanta diferença. Teste fundamentalmente mensagens diferentes. Desse modo, você terá uma boa compreensão do que as pessoas preferem. Faça perguntas ao seu consumidor dando-lhe diferentes mensagens para escolher. Se você exibir quatro mensagens distintas, e seu público for imensamente atraído por uma delas, não terá dúvida sobre o interesse dele.

Essa é uma abordagem diferente da que eu uso, já que Arneson vem da indústria cinematográfica, em que testar diferentes mensagens é fundamental para compreender como acessar determinado público. Concordo com o que diz, mas eu também gosto de ajustar diferentes palavras para ver se, de certo modo, uma ligeira variação é capaz de aumentar dramaticamente o desempenho. Nem sempre funciona, mas às vezes pode surpreender.

Tente pensar do ponto de vista do consumidor. O que o público vai sentir ao ver o seu conteúdo? O que ele já sabe sobre a sua marca, se souber alguma coisa? E se já teve alguma experiência com a sua marca no passado, você acha que ele se lembrará? Compreenda quem são os consumidores e como se situam em termos de conhecer a sua marca e seu conteúdo.

Outro motivo pelo qual é importante testar e ouvir os seus consumidores específicos é para descobrir qual é a voz mais original e influente que você deve assumir. Muitas vezes achamos que uma estratégia de conteúdo que vimos dar certo no caso de outras marcas, também dará automaticamente certo para a nossa. Mas nem sempre é assim. Só porque outras marcas e pessoas estão usando um formato específico para comercializar um produto ou conteúdo, não quer dizer necessariamente que essa é a melhor maneira de encarar a comercialização de *sua* marca e *seu* produto.

O Dollar Shave Club é o exemplo perfeito de uma marca que encontrou uma maneira original de comercializar o seu conteúdo. Antes do seu surgimento, os barbeadores eram na maior parte vendidos por meio de comerciais na TV, e a Gillette era a principal protagonista. Então o Dollar Shave Club exibiu on-line um vídeo irônico, maluco e engraçado que representava a sua nova marca[12] e conquistou mais de 4 milhões de visualizações. Na época, a Dollar Shave Club era uma empresa nova e empreendedora, e era duro competir com a Gillette. Mas por compreender as mídias sociais, ouvir o seu público, abordar as coisas de modo diferente e testar, ela foi capaz de entrar de repente numa indústria altamente competitiva.

Com essa campanha, a Dollar Shave Club começou uma tendência, que desde então os outros vêm copiando sem parar. Mas nem sempre isso dá aos competidores os resultados desejados. Cada marca precisa descobrir a própria identidade e o interesse de seu público específico. E você também precisa fazê-lo.

APROVEITE SUA COMUNIDADE PARA ALIMENTAR DECISÕES

Ray Chan, executivo-chefe e cofundador da 9GAG, uma plataforma móvel de humor, criou uma companhia com 39 milhões de curtidas de página no Facebook, 44,5 milhões de seguidores no Instagram, e 15 milhões de seguidores no Twitter. Trata-se globalmente de uma das maiores marcas de mídia de entretenimento, e uma das trinta páginas mais seguidas no Instagram. E também, excetuando as celebridades dessa lista, ocupa o sexto lugar entre essas páginas.

Ray usa feedback de sua comunidade para analisar qual conteúdo tem a maior qualidade e o maior potencial de viralizar. O feedback recebido

---

[12] "DollarShaveClub.com – Our Blades Are F***ing Great", *YouTube*, postado por: Dollar Shave Club, 6 de março de 2012. Disponível (em inglês) em: <https://www.youtube.com/watch?v=ZUG9qYTJMsI>. Acesso em: 10 de fevereiro de 2020.

pela sua marca, quando esta observou as reações do seu público, permite tomar decisões sobre o que será postado em seus canais sociais. Se há previsão de que algo terá um bom desempenho, geralmente isso acontece rápido. A equipe testa muito conteúdo dentro da comunidade e deixa que os sucessos comandem as postagens futuras.

O conteúdo da 9GAG é engraçado e humorístico em geral, o que o torna acessível a muita gente. Sua equipe está baseada em Hong Kong, mas a base de usuários da 9GAG é internacional. Seus seguidores não são apenas de Hong Kong, mas dos Estados Unidos, Alemanha, Holanda, Indonésia, Filipinas e outras partes do mundo. Se ele dependesse só de sua equipe para criar bons conteúdos, eles provavelmente seriam tendenciosos. Em vez de deixar que apenas sua equipe editorial decida o que funciona, a marca deixa que a sua comunidade – que comporta milhões de pessoas – torne-se uma versão ampliada da equipe editorial.

É realmente importante continuar a aprender, e ver para onde o mercado vai. Dê ouvidos à sua comunidade e deixe que ela o guie sobre onde o seu foco e o de sua companhia deveriam estar. Ray também tem um aplicativo e frisa que existe uma grande distância entre o que a mídia principal está falando e o que os usuários estão fazendo. Por exemplo, se você for examinar o TechCrunch, pensará que há toneladas de aplicativos muito populares porque aparecem em seus artigos. No entanto, a maioria dos usuários são de um setor demográfico mais jovem e nem sequer leem TechCrunch, e por isso esse tipo de pesquisa de segunda mão não serve para a sua companhia. Ele sugere que nós dependamos de pesquisa de primeira mão, conversando diretamente com nossos usuários para saber o que eles gostam e estão fazendo. Ele ouve constantemente a sua comunidade e público para aprender sempre e melhorar sua estratégia de conteúdo geral.

NÃO TENHA PRESSA

Jonathan Skogmo, da Jukin Media, também acredita em testar constantemente. Ele confessa que o conteúdo de sua companhia não viraliza magicamente – é a testagem contínua, o aproveitamento de dados e os indicadores que levam à melhor escolha do conteúdo que mais fará sucesso.

A Jukin Media tem quatro marcas diferentes que aproveitam o Facebook, YouTube e Instagram, e ela percebe que cada plataforma tem um público diferente. A equipe de Skogmo ajusta o conteúdo de acordo com a plataforma. O mesmo vídeo pode ter duração, título ou ponto de partida diferente se for postado no Facebook, ou no Instagram. Cada plataforma terá uma versão ligeiramente diferente do conteúdo.

Skogmo aconselha que você não tenha pressa ao ouvir, testar e descobrir. O processo não é uma corrida, e sim uma maratona. "Só porque você não está montado num foguete, não quer dizer que não esteja crescendo", diz ele. E se você estiver em um foguete em determinado momento, não pense que vai durar para sempre; chegará um ponto em que vai acabar o combustível.

Exiba o conteúdo, teste, aprenda com ele, e repita. No fim do dia você estará pronto para um longo percurso. Não adote o jogo rápido; pense no longo prazo. Observe o comportamento de seu público e nunca pare de mostrar conteúdo para ele.

DICAS RÁPIDAS E RECAPITULAÇÃO

- → Teste e aprenda. Em seguida, use o que aprendeu como combustível.
- → A testagem é usada em todo tipo de criação – desde na medicina até nos negócios e na ciência. É o fundamento da aprendizagem.
- → Uma coisa é registrar indicadores e dados, outra bem diferente é realmente *aprender* com eles. Observe como e porquê as pessoas se ligam no seu conteúdo.
- → Quanto mais informação você colher de seus testes, melhor irá na criação de conteúdo que fará o público vibrar. Isso ajudará a baratear dramaticamente os custos do seu principal indicador de desempenho.
- → Faça indagações a seus consumidores, enviando-lhes mensagens claras e distintas entre as quais eles possam optar.
- → Pense a partir do ponto de vista do consumidor.
- → Não fique acomodado. Amplie os limites das plataformas.
- → Dê ouvidos a sua comunidade e deixe que ela decida o conteúdo que terá maior eficácia.
- → O Google Trends e o AdWords são úteis para ajustar o seu conteúdo ao que mais interessa o seu público, e permite observar as tendências no decorrer do tempo.
- → Pratique a escuta social vendo os comentários de sua comunidade nas suas postagens e conteúdo. Além do mais, vá às páginas dos seus competidores e veja como está o desempenho do conteúdo deles.
- → Teste e ajuste cada conteúdo para cada plataforma.
- → O processo de testagem é uma maratona, não uma corrida.

CRIE CONTEÚDO COMPARTILHÁVEL NO FACEBOOK

Como você já deve ter percebido, a capacidade de compartilhamento é o índice mais importante quando se trata do crescimento rápido no Facebook. É uma garantia de que o seu conteúdo faz o público vibrar. Fazer as pessoas compartilharem é também a melhor maneira de espalhar organicamente a sua mensagem e se destacar do ruído. Ter uma variedade de conteúdo de qualidade que seja regularmente compartilhado garante o crescimento e aumenta as chances de viralizar.

Para criar seguidores em massa e uma sensação de crescimento estável, foque na criação de conteúdo compartilhável. Você não pode passar conteúdos aleatórios para as pessoas na esperança de manter sua atenção por muito tempo. A melhor maneira de fazê-las voltar para ver mais é ter uma estratégia que envolva e estimule a participação dos seguidores. Dessa forma, é possível crescer mais rápido, especialmente no Facebook.

COMPARTILHAR É A CHAVE DO REINO

Fazer alguém ver ou gostar de um conteúdo é fácil, mas no fim das contas realmente não significa nada. É uma boa medida para a própria vaidade, mas não ajuda a produzir resultados. Alguém que compartilha seu conteúdo está tomando uma iniciativa. Esse é o feedback que avisa que o seu conteúdo está provocando ressonâncias. Como diz Latham Arneson, "agir é essencial. Em algum momento, você precisa que seu público e consumidores façam algo, seja se envolver ou comprar um produto". Ter seguidores parados e gostando passivamente de sua página não acrescenta nada.

Os maiores influenciadores das mídias sociais compreendem a importância de fazer as pessoas compartilharem seu conteúdo, e focam sua atenção nesse ponto. O mágico e empresário das redes sociais, Julius Dein, explica que o principal objetivo é conseguir fazer o máximo de pessoas possível compartilhar o seu conteúdo. "Quando assisto aos vídeos, compartilho", diz ele. "Não me interessa quantas visualizações eu tive. Não me importo se o vídeo conseguiu 2 milhões de visualizações no Facebook. Me importo com quantos compartilhamentos ele tem, porque se tiver muitos, significa que é exponencial."

Ao compartilhar o seu conteúdo, as pessoas ajudam sua marca a crescer. Estão espalhando ativamente a sua mensagem e proporcionando-lhe uma voz mais potente. Tim Greenberg salienta que compartilhar no Facebook é o maior índice da postagem bem-sucedida. O compartilhamento endossa o conteúdo e prova que as pessoas apoiam e acreditam na mensagem.

Greenberg também salienta que fazer as pessoas compartilharem suas postagens leva o conteúdo delas a ter mais espectadores na plataforma do Facebook. Os algoritmos do Facebook são projetados para exibir conteúdos altamente compartilhados na maior quantidade de feeds pessoais. O desempenho geral da postagem tem grande correlação com a quantidade de compartilhamentos. O Facebook recompensa os compartilhamentos e é de enorme interesse aproveitar este fato. Como explica Jon Jashni:

> Se a impressão que o seu público teve foi de ter vivido uma experiência excepcional, de grande valor, replicável, ele irá aproveitar as redes de mídias sociais a que pertence para se tornar o seu embaixador, e fazer proselitismo para você. E é um público que faz parte de uma geração que não acredita fácil. As pessoas não têm medo de acusar, rejeitar e atacar.
>
> Se todo mundo foi moldado na crença de que a sua própria marca pessoal é tão relevante quando as marcas de quem é mais famoso, ou incensado, há também aí, de modo inerente, um problema de ego. Por exemplo, "Se eu te digo para ir naquele restaurante, assistir aquele filme ou aquela série, ou comer tal prato – estou lhe dizendo o que é bom – e sou o conhecedor. Aposto minha reputação na recomendação que fiz".

Quando o público considera que o seu conteúdo é merecedor, torna-se uma força poderosa para espalhar a mensagem. Além disso, as pessoas têm naturalmente maior boa vontade em aceitar a recomendação de um amigo, alguém em quem confiam, do que de qualquer um. As pessoas aceitam o conteúdo mais prontamente quando não sentem que estão lhes vendendo algo.

COMPARTILHAR LEVA A AÇÕES DIRETAS E A VENDAS

A ironia é que quanto menos você tentar vender, mais venderá. Quando o foco é criar *valor* para as pessoas em vez de conquistar consumidores, as vendas e as ações diretas recebem um empurrão. Erick Brownstein, da Shareability, concorda que é essencial criar conteúdos compartilháveis. A equipe da Shareability é mestra em criar conteúdos compartilháveis. Seus melhores vinte vídeos de 2017 geraram 10,5 milhões de compartilhamentos comparados aos das 200 melhores campanhas do ranking AdAge de vídeos virais, que gerou apenas 6,4 milhões de compartilhamentos no Facebook e YouTube juntos! E o AdAge inclui os melhores vídeos da Apple, Google, Facebook, Samsung, Budweiser, e centenas de outras marca. No total, a Shareability gerou mais de 3,5 bilhões de visualizações e 40 milhões de compartilhamentos para as maiores marcas do mundo.

O time de Brownstein usa o índice de Earned Media Value (valor de remuneração na mídia – EMV) de Ayzenberg[13] para calcular a *earned media*, o que significa atribuir valor em dólar por curtidas, comentários, compartilhamentos e visualizações orgânicas. Brownstein revelou que de acordo com o índice Q3 2017 do EMV de Ayzenberg, a campanha da empresa norte-americana Cricket Wireless, "John Cena loves the internet" [John Cena ama a internet], resultou em US$ 122 milhões em EMV. E o videoclipe de 2017, "New Rules", que criaram para os hotéis Hyatt e a artista Dua Lipa, em uma campanha premiada, tinha – até quando escrevi este livro – o incrível valor levantado na mídia de mais de US$ 200 milhões (e 10 milhões de visualizações orgânicas ainda entrando). A campanha para o Hyatt gerou um enorme ROI (retorno sobre investimento) na mídia,

---

13 "The Ayzenberg EMV Index-Report", *Ayzenberg*. Disponível (em inglês) em: <http://www.ayzenberg.com/wp-content/uploads/2016/05/Ayzenberg-EMV-Index-Q4_2016.pdf>. Acesso em: 10 de fevereiro de 2020.

significativamente superior a cem para um. No fundo, esses resultados incríveis foram estimulados pela criação e distribuição de conteúdos extremamente compartilháveis.

O segredo é produzir valor para o público sem pedir nada em troca. Então, se o vídeo tiver bom desempenho, é possível depois marcar de novo as pessoas que se interessaram por ele e pedir-lhes que façam algo. Mas primeiro, sempre esquente o público com bom conteúdo que tenha valor, antes de dar continuidade com a propaganda tradicional.

A equipe de Brownstein usa a estratégia de "funil de marketing". Começam primeiro com um grande conteúdo, viral e compartilhável; então partem para conteúdos que provocam envolvimentos adicionais, sem fazer pressão ainda para provocar alguma iniciativa, e por último enviam o conteúdo para as pessoas que participaram das duas primeiras partes, pedindo para que ajam de acordo com os objetivos dos clientes.

Na campanha da Cricket Wireless, começaram com o vídeo "The unexpected John Cena prank" [A inesperada pegadinha de John Cena], lá atrás em 2015, quando John Cena surpreende os fãs que pensam que estão fazendo um teste para o comercial da Cricket Wireless. Quando chega a hora de apresentar John Cena, ele rasga e surge de trás de um pôster de si mesmo.[14] A Shareability lançou esse vídeo duas vezes no Facebook e gerou ao todo mais de 80 milhões de visualizações. Em 2017, produziu um segundo vídeo sequencial, "John Cena reacts" [John Cena reage], que fazia parte de uma campanha maior lançada pela Shareability, intitulada "John Cena loves the internet". "John Cena reacts" era o inverso do original "John Cena unexpected" [John Cena, inesperado]. No segundo vídeo, os fãs surpreendiam John ao invés de serem surpreendidos por ele. John abria a correspondência de fãs que o agradeciam pela inspiração proporcionada pelo seu lema "nunca desista", que os ajudara a se recuperar de feridas e desgostos emocionais. Então, conforme o vídeo avança, John se emociona ao assistir a um clipe de um jovem rapaz que lhe agradece por ajudar sua mãe a combater o câncer. Depois que o clipe termina, o rapaz

---

14 As reações dos fãs são impagáveis. Assista em: <http://bit.ly/UnexpectedCena-Shareability>. Acesso em: 10 de fevereiro de 2020.

surpreende Cena ao irromper do mesmo pôster do primeiro vídeo, junto com a mãe, para agradecer a John pessoalmente. John fica extremamente emocionado e vemos a bela gratidão ser expressa entre todos eles.

Um dos motivos pelo monumental sucesso dessa campanha foi não ter pedido nada – seu único propósito era dar algo de valor ao público, fazendo-o rir no primeiro vídeo de Cena, e tocando seus corações com o segundo. O segundo vídeo tornou-se o comercial mais compartilhado no mundo em 2017, e ficou em terceiro lugar entre os vídeos mais assistidos no YouTube. No Facebook, levou a mais de 2,5 milhões de compartilhamentos e 110 milhões de visualizações no upload original, e mais de 160 milhões de visualizações totais, incluindo novos uploads por parte do público. Toda a campanha "John Cena loves the internet" teve mais de 2 milhões de compartilhamentos totais em diversas plataformas.

Depois do sucesso dos primeiros dois vídeos, a equipe da Shareability continuou a agregar valor à campanha, criando propagandas que reutilizavam as pessoas que se envolveram com o conteúdo. Eles prosseguiram com mensagens do tipo, "ei galera, aqui é o John Cena. Por que você não vai até a loja e compra aquele telefone?". Esses espectadores geralmente já tinham uma forte ligação com John (e, por extensão, com a Cricket), pois o conteúdo primário era emocional e envolvente. É mais provável que os fãs tomem uma iniciativa quando sentem que existe autenticidade na interação.

TENHA COMO ORIENTAÇÃO SERVIR

Pela experiência de criar e manter 1 milhão de fãs, e pelas conversas com as melhores mentes do marketing e influenciadores de mídias sociais, aprendi, sem sombra de dúvida, que a melhor maneira do conteúdo tornar-se viral é proporcionar serviço e valores aos outros. Você não deve pensar em termos do que deseja ou precisa das pessoas, e sim no que pode lhes oferecer. Sempre comece se perguntando como pode mexer com o público em um nível emocional que o inspire, e que o faça sentir conectado e de alguma forma comovido com o conteúdo.

Atualmente, um dos maiores gênios de conteúdo do Facebook é Prince EA. Ele faz uma aproximação entre criação de conteúdo e serviço, e dá a isso prioridade máxima na sua estratégia. Admite que embora seu ego possa (e muitas vezes o faz) desenvolver o desejo de ter milhões de visualizações, sempre procura se voltar de novo para o objetivo principal, que é tocar o coração de seus espectadores. Ele põe o foco em provocar um genuíno impacto nas pessoas que verão suas postagens, e acredita que as coisas realmente decolam quando não visam criar conteúdo em benefício próprio. Os números disparam quando se descobre uma maneira de servir aos outros. Ele começou a ver que seus vídeos crescem exponencialmente. Ao mudar sua perspectiva mental egoísta para outra que é altruísta, transformou as visualizações de seus vídeos de cerca de 10 milhões, dentro de um período de 8 anos, para cerca de 2 bilhões de visualizações em apenas 2 anos. Mudar para uma postura direcionada a servir e ao aproveitamento de valor fez dele um ímã de atrair visualizações.

Prince EA acredita que, embora o título de um vídeo, a sua versão reduzida, a duração e os primeiros segundos sejam elementos-chave para se ter um foco lógico e prático, a obra não irá muito longe se o conteúdo não for bom e não servir aos outros, ou não os atinja emocionalmente. Ao criar conteúdo, Prince EA começa com estas perguntas para se colocar em um estado mental voltado para servir aos outros.

→ Por que estou aqui?
→ Como posso fornecer valor e serviço aos outros?
→ Se este fosse o último vídeo que eu iria fazer, o que diria?
→ Se este será o melhor vídeo sobre este tema, como posso torná-lo o melhor vídeo de todos? Como vou apresentar o conteúdo de forma melhor do que ele já havia sido apresentado?
→ Por que compartilho este conteúdo?
→ O que gosto no conteúdo que eu assisto?
→ Como posso ter um impacto significativo no mundo?

Reflita sobre essas perguntas em seu benefício e em benefício de sua marca. Se você começar a criar conteúdo a partir dessas perguntas, será capaz de tirar seu foco do ganho pessoal e redirecioná-lo para o serviço aos outros, o que em troca irá inspirar seus espectadores a compartilhar amor.

Katie Couric tem uma abordagem de criar conteúdo parecida. Ela foca em consturir um senso de comunidade ao levantar temas que afetam os espectadores visceralmente e que possam melhorar suas vidas, por isso fez coisas ousadas e corajosas, como fazer uma colonoscopia em rede nacional de TV. Depois que esse programa foi para o ar, o número de pessoas que fizeram exame de câncer de cólon aumentou em 20%. Foi preciso coragem e humildade para se colocar nessa posição vulnerável que inspirou outros a fazer o mesmo e a cuidar de si. Esse tipo de conteúdo tem impacto na vida das pessoas e as faz querer compartilhar a informação com os outros.

Erick Brownstein também adota uma abordagem orientada a serviços quando cria conteúdo. Ele explica que as pessoas se sentem incomodadas com as propagandas normais e os marqueteiros têm de pensar nisso e se dedicar à criação de valor para potenciais consumidores. A Shareability sabe que a propaganda só será compartilhável se criar enlaces emocionais e evocar fortes laços afetivos com os espectadores, criando novos relacionamentos. "Quando as pessoas compartilham é porque se importam", disse Brownstein, "e quando se importam, elas compram."

CONECTE-SE COM SEU PÚBLICO

Ao procurar por criadores de conteúdo que consigam comover a plateia, não pude deixar de pensar em Pedro D. Flores, cineasta e diretor de criação/CEO da Comp-A Productions, um estúdio de produção especializado em marketing para redes sociais.

Pedro criou um vídeo chamado "Tacos", que teve mais de 100 milhões de visualizações. Flores acha que esse vídeo fez sucesso porque é fácil se identificar com ele. É um vídeo cômico sobre o modo como ele é discriminado por parecer branco, quando, na verdade, é mexicano. Ele pega um assunto sério e educa o espectador, mas de uma forma leve. Faz o espectador ver, pensar e rir.

Flores criou "Tacos" como um comentário sobre as experiências reais que estava vivenciando. Ele tem um nome bem mexicano, mas as pessoas sempre o acusam de mentir sobre o fato de ser mexicano. Para combater essa frustração, apresentou o vídeo de uma forma simples, sem truques, para que as pessoas pudessem sentir como é realmente ser um mexicano com aparência de branco.

Ao criar o conteúdo, é sempre inteligente procurar coisas que estejam acontecendo na sua vida e que você imagine que outros também possam vivenciar. A vulnerabilidade e sinceridade permitem que os espectadores se sintam mais próximos e se conectem com você e suas emoções. Torna mais fácil a identificação com o tema e, portanto, fica mais relevante para a vida dos outros.

Couric acrescenta que agora, mais do que nunca, é importante que as pessoas se sintam conectadas com o assunto:

> Acho que a ironia máxima desta era de conectividade é que estamos mais desconectados em muitos sentidos. A solidão é uma das epidemias mais importantes do país. Outra epidemia predominante é a ansiedade, cujo crescimento eu atribuo ao excesso de informação. É muito importante encontrar o ponto certo para se conseguir uma verdadeira ligação emocional com o material.

Ao refletir sobre o conteúdo que você compartilha, veja que existe aí uma oportunidade de valorizar a vida de outras pessoas e fazê-las mais felizes, mais inteligentes e mais informadas. Remonta ao que Prince EA disse sobre ser prestativo. Pense em como o conteúdo pode ajudar outras pessoas (e, sim, isso também ajuda o compartilhamento do seu conteúdo).

Brownstein sugere que nos perguntemos, "Por que alguém deveria dar bola para minha mensagem?". Devemos lembrar que há conteúdo demais por aí – aos montes. Então, ao criar seu conteúdo é preciso descobrir o que é relevante para as pessoas. É preciso fazê-las querer aprender mais, porque depois talvez compartilhem com os amigos.

Brownstein acrescenta que depois de descobrir por que alguém se importaria com a sua mensagem, deve-se ter certeza de transmiti-la com autenticidade. As mídias sociais se resumem a construir relações. Portanto, ao criar conteúdo, é importante perguntar-se o que é relacionamento positivo com alguém. Não é simplesmente pedir-lhe coisas. Deve haver interesse por esse alguém. Brownstein levanta a ideia de encarar a relação na perspectiva de uma troca de valor. Dê aos fãs algo valioso e também uma oportunidade de oferecerem algo de valor aos amigos. Se lhes oferecer um conteúdo engraçado para compartilhar, acabam se sentindo como se fossem humoristas; se lhes der um conteúdo emotivo, terão a chance de tocar o coração de alguém. Outras pessoas têm a sensação de oferecer algo de valor quando instruem os outros sobre questões relevantes, ou têm a sensação de pertencer a um grupo quando expressam opiniões fortes sobre determinado assunto ou pessoa.

Ele frisa que o mais importante nos relacionamentos é dar, e não apenas receber. Assegure-se que você procura dar ao público algo de valor. O melhor é seguir a regra de 80/20: doe 80% das vezes e peça uma iniciativa do público apenas em 20% dos casos.

Por exemplo, ao trabalhar com a Cricket Wireless, a instrução recebida pela equipe de Brownstein havia sido "criar vídeos que façam as pessoas sorrirem". A Cricket gastou, literalmente, centenas de milhares de dólares nessas campanhas só para fazer as pessoas sorrirem. Somente depois de ter lançado vários vídeos com essa intenção em mente, é que a Cricket pediu às pessoas para fazer alguma coisa em relação aos objetivos comerciais da companhia. Foi uma atitude muito generosa (e esperta) que exemplifica a regra 80/20 e foca primeiro na criação do conteúdo que tenha utilidade para os outros. Faça isso.

Brownstein também acredita que praticamente qualquer assunto, mesmo os aparentemente banais ou difíceis, são capazes de viralizar; a Shareability chegou a criar conteúdo viral sobre câncer pediátrico e câncer de cólon. Ele acha importante, especialmente em se tratando de temas difíceis, mexer com as emoções das pessoas e conectar-se a elas de coração. Você começa a ver um padrão aqui?

Tim Greenberg concorda, e diz que sua equipe foca em melhorar o humor do espectador: "se for possível publicar uma amostra de conteúdo nas redes sociais que faça alguém mais feliz, mesmo que seja por três ou quatro segundos, então meu trabalho está feito. Na verdade, tornei o dia daquela pessoa melhor por causa de um ótimo conteúdo".

Criar uma ligação emocional com os espectadores é um elemento essencial para tornar o conteúdo relevante ao olhar do público. Pense como o conteúdo fará os espectadores se sentirem; assim é muito mais provável que eles compartilhem. Esteja sempre consciente do seu objetivo final e do *porquê* de você compartilhar o seu conteúdo.

DOMINANDO A RELEVÂNCIA

Para descobrir o conteúdo mais relevante para o público deve-se fazer testes de tentativa e erro. Não existe fórmula certa para saber o que será mais relevante para a vida cada um, mas Brownstein afirma que uma das formas como sua equipe descobre ideias que farão sucesso é procurando os assuntos mais visualizados, as tendências na internet e observando memes populares. Então, sua equipe alinha essas mensagens da moda às marcas para as quais está criando conteúdo.

Um caso bem-sucedido de criação de conteúdo baseado em assunto da moda é o vídeo da Shareability para a campanha da Pizza Hut e Pepsi, chamada "The dangers of selfie sticks" [O perigo dos paus de selfie]. O vídeo é feito no formato de um aviso público engraçado sobre os perigos do uso dos paus de selfie. A equipe de Brownstein teve a ideia porque os paus de selfie eram um assunto em foco; por exemplo, os paus de selfie foram proibidos na Disneylândia. A Pizza Hut estava em via de lançar uma pizza de sessenta centímetros de comprimento, então a equipe bolou o conceito de que era preciso um pau de selfie realmente longo para tirar uma foto junto com esse lançamento da pizza extragrande. Ao fazer essa conexão e criar uma paródia das selfies em geral, o vídeo ficou muito engraçado e viralizou no YouTube. Tornou-se a propaganda mais compartilhada do mundo no seu mês de lançamento, parcialmente por conta da relevância dos "paus de selfie" nos buscadores de vídeo naquela época.

Para atingir esse nível de compartilhamento, a equipe de Brownstein executa um rigoroso processo de testes. Faz amostras de diversos formatos e aberturas, coleta dados de grandes grupos-alvo, e geralmente lança o conteúdo no Facebook para testar que versão gera uma resposta melhor (no fundo, o meu sistema em uma casca de noz).

Ela analisa cada aspecto do conteúdo para garantir que terá repercussão no espectador. Por exemplo, ao montar o elenco para um vídeo, seleciona cuidadosamente pessoas com as quais podemos nos identificar. Ao criar o clipe de Dua Lipa que fizeram para os hotéis Hyatt, fizeram questão que as garotas não fossem todas supermodelos. "Se assistir ao clipe 'New Rules', verá que as garotas são atraentes, mas não são superglamurosas", explica Brownstein. "Elas parecem com possíveis amigas de Dua". Shareability tem esse nível de cuidado e consideração em cada decisão sobre o conteúdo. Mesmo detalhes aparentemente insignificantes têm um impacto enorme.

Não dê um tiro no escuro ao tentar criar conteúdo compartilhável. Pesquise diligentemente as tendências, preste atenção no que funciona, use a engenharia reversa nos produtos de outros criadores de conteúdo bem-sucedidos, e então coloque algumas amostras de baixo custo dos conceitos para testar. Testes lhe ajudam a ter certeza sobre o que funciona, antes de você investir pesadamente em uma única tendência de conteúdo.

NA DÚVIDA, OUÇA SUA INTUIÇÃO

Apesar de eu ser um grande defensor dos testes e aprendizado (como já devem ter percebido a esta altura), há ocasiões em que é preciso abrir mão do controle, deixar que sua experiência o guie e ouvir sua voz interior. Confie em você mesmo (é diferente de atirar no escuro), pois sua intuição, que é baseada em experiências de vida, pode lhe ajudar a escolher o conteúdo que será mais, ou menos eficaz.

Mike Jurkovac, da TheBridge.co, diretor e produtor premiado com o Emmy, contou uma história sobre informações importantes que ele aprendera trabalhando com Mike Koelker. Koelker está no *hall* da fama da propaganda, por conta de muitos de seus trabalhos, especialmente pelas campanhas Levi Strauss & Co. *501 Blues* para 501 jeans em 1984, e *Colors* para a Dockers em 1992.

Jurkovac viu Koelker usar sua intuição para dar à luz a uma campanha muito especial. Jurkovac e Koelker se conheceram na California Raisin Advisory Board, onde tentavam descobrir como promover uvas-passas (que não é a fruta mais apreciada de todas). Eles examinavam os resultados a partir de alguns grupos-alvo e duas ideias criativas estavam dando bastante resultado, enquanto outra, num rumo diverso, não. Os agricultores não conseguiam decidir que rumo escolher. Já que Koelker havia criado um negócio bilionário, decidiram pedir sua opinião.

Ele disse: "Sei que os testes não confirmam, mas creio que tem alguma coisa naqueles personagens de argila que vão causar uma verdadeira impressão. Minha intuição me diz, e eu apostaria nisso". O rumo escolhido por Koelker, aquele que não tinha resultado positivo nos testes, tornou-se o comercial de *California Raisins* de 1986, em que as passas cantam e dançam ao som de "I Heard It Through the Grapevine" – um dos comerciais mais icônicos e bem-sucedidos da década de 1980.

Uma história engraçada sobre a escolha de Koelker aconteceu quando Jurkovac trabalhava até tarde para a Levi's. Um homem entrou e disse: "Quem aqui fez as passas?".

"Aquela equipe lá embaixo", disse Jurkovac. "Um cara chamado Mike Koelker fez."

A pessoa respondeu: "Tive um sonho na noite passada, por isso peguei um voo para São Francisco, porque me vi como uma daquelas passas da Califórnia. Não é uma questão de dinheiro. Eu só quero ser uma passa. O dinheiro pode ir para caridade". O homem que falou estas palavras era Michael Jackson. Michael Jackson havia visto a campanha e decidira por conta própria, "quero ser assim". Jurkovac diz que este é o segredo do conteúdo: fazer algo tão incrível que *leva* as pessoas a agirem.

SEJA AUTÊNTICO

Ao desenvolver conteúdo, mantenha-se autêntico em relação à sua marca e mensagem. O ator e produtor Rob Moran – conhecido pela sua atuação em *Quem vai ficar com Mary?* e *Debi & Loide*, – explica que esses filmes repercutiram porque as pessoas que o fizeram não foram criadas em Hollywood, o que comumente pode gerar um embotamento da sensibilidade. Às vezes, quando você conhece demais o ambiente, fica menos sensível e influenciado pelo que já viu dar certo ou não funcionar. Os irmãos Farrelly, criadores de *Quem vai ficar com Mary?* e *Debi & Loide*, estavam apenas sendo eles mesmos, e criaram um conteúdo que achavam divertido. Não estavam preocupados em atingir todo mundo, pois sabiam que o conteúdo não arrancaria risada de todos, mas faria as pessoas certas rirem. Eles não precisavam que todos entendessem as piadas, fato que lhes deu liberdade.

Hoje, mais do que nunca, tem-se a capacidade de ser autêntico porque as plataformas digitais (especialmente o Facebook) criaram uma distribuição de conteúdo verdadeiramente democrática. O conteúdo que vem a ser compartilhado é aquele que repercute. Você pode criar coisas que acertem em cheio, ou não – simples assim. Essas plataformas lhe dão a oportunidade de compartilhar coisas sem estar à mercê da equipe de distribuição de um estúdio; você pode fazer por conta própria, o que lhe possibilita um controle maior.

JOGUE COM O INESPERADO

Todos querem criar conteúdos que sejam engraçados e interessantes, e infelizmente não existe uma fórmula pronta ou segredo para fazê-lo. Seu conteúdo precisa ter momentos específicos que realmente prendam a atenção das pessoas e é necessário tentar coisas diferentes até descobrir uma combinação certa. Contudo, o produtor de filmes Jon Jashni nos dá dicas sobre segredos narrativos que podem nos ajudar a conseguir resultados mais satisfatórios. Ele frisa a ideia de jogar com o inesperado.

A experiência mostra que, grandes filmes (geralmente ótimos exemplos narrativos) não são feitos de finais chocantes, mas de desdobramentos imprevisíveis ao longo do caminho. Ele diz que "desdobramentos inesperados, vindo em horas inesperadas, dão uma revigorada na história".

Seu envolvimento com o filme de 2009, *Se Beber, Não Case!* lhe ensinou que as pessoas se surpreenderam pelo filme ser tanto uma história de detetive *noir* movida a emoções quanto de piadas infames. Era uma história de amor entre homens, o que era original e inesperado. Foi uma perspectiva nova sobre o assunto, algo que as pessoas não viam havia tempo.

Brownstein nota também que o fator surpresa tem sido extraordinariamente valioso para o trabalho de sua equipe. O vídeo de celebridades mais assistido de 2015, com mais de 180 milhões de visualizações nas páginas da marca e dos fãs, e adicionais 520 milhões de visualizações rastreadas por meio do software de identificação de vídeo de terceiros, foi "Cristiano Ronaldo disfarçado – ROC", da Shareability. Cristiano Ronaldo é um dos maiores influenciadores digitais do mundo e criou centenas de vídeos. Mas Brownstein explica que todo conteúdo anterior apresentara Ronaldo sob a mesma ótica – um superstar estilo revista *GQ* de aparência incrível, em jatinhos e carros da marca Bentley. No entanto, a Shareability resolveu dar aos fãs de Ronaldo algo que nunca tinham antes visto. Vestiram-no como um artista de rua maltrapilho e o colocaram em uma das praças mais movimentadas de Madri. Ele brincava com uma bola de futebol, deitado no chão, e tentava passar a bola para as pessoas que, em sua maioria, o ignoravam. Então, quando um garotinho aceita sua proposta de jogar, ele autografa a bola de futebol e tira o seu disfarce – a mudança rápida das reações das pessoas é impagável. Os fãs amaram o vídeo porque apresentava Cristiano Ronaldo de uma maneira diferente, que os surpreendeu completamente.

A Shareability criou então alguns outros vídeos de Cristiano, mostrando-o em outras circunstâncias inesperadas. Um vídeo o mostra tocando "Jingle Bells" com itens comuns (tal como uma escova de dente) em sua casa, e outro mostra ele bebendo chá em um shopping, contando quantos goles de chá tomava comparado com quantas pessoas se aproximavam pedindo para tirar uma foto com ele. Todos os vídeos que a Shareability criou expõem algo genuíno e diferente sobre o jogador, algo que as pessoas não esperavam. Na realidade, a Shareability criou os quatro vídeos de maior sucesso de Cristiano Ronaldo.

Faz parte da natureza humana querer novas experiências e ver as coisas por um ângulo diferente. Os vídeos do jogador foram bem-sucedidos porque mostravam um ídolo de forma acessível. Pense como você pode surpreender seu público e lhe dar o inesperado. Faça algo que ajude seus seguidores a sentirem proximidade com a sua marca.

Julius Dein acrescenta que é bom que haja viradas, principalmente no fim do vídeo. Ele atrai a atenção do público e então procura dar um final inesperado que viraliza. Se as pessoas assistirem ao vídeo e pensarem: "Uau, isso é maneiro. Gosto disso", então – bum! – algo supercompartilhável acontece no final, é uma receita certa para o sucesso.

EXPANDA OS HORIZONTES DE SEU CONTEÚDO

Tim Greenberg compartilha achados de sua equipe ao analisar conteúdos que tiveram desempenho ideal no último ano. Somente em 2016, a Liga Mundial de Surf, sozinha, teve 1,4 bilhão de interações e visualizações de vídeos no Facebook e 124 milhões de visualizações em um vídeo de postagem única, o que fez deste o vídeo número 1 em qualquer categoria esportiva no ano. A equipe de Greenberg elucida por que certas amostras de conteúdo superam outras: embora não seja possível prever o que irá viralizar, ele diz que é possível ter uma boa ideia. Por experiência, ele sabe que um vídeo feito com drone de um cachorro e seu dono andando de *longboard* teria um resultado muito bom; é quase garantido que teria uma boa interação. O pedaço de conteúdo mais visualizado que essa equipe criou no ano passado, na verdade o número um dos conteúdos relativos ao esporte, entre todos on-line, foi um vídeo de golfinhos surfando nas ondas. Esse sucesso o fez levantar muitas questões sobre o que isso significa para seu negócio e indústria. Sua empresa investe nas maiores competições de surf mundial – e naturalmente fala muito sobre competições de surf – mas também tenta representar o surf como um estilo de vida inspirador e estender o conteúdo para pessoas que queiram aprender a surfar. No entanto ele teve que se perguntar se um vídeo de golfinhos surfando é relevante – e diz respeito ao seu negócio.

Com o passar do tempo, a resposta para a pergunta tornou-se sim. O sucesso do vídeo permitiu sua equipe conversar mais amplamente com os fãs. O surf é muito mais do que o espectro reduzido do esporte competitivo. Significa muitas coisas diferentes para muitas pessoas distintas. E por acontecer no oceano, um conteúdo relacionado a essa experiência visceral é valido para quem deseja e aspira surfar. No final, o conteúdo se encaixou de fato na mensagem da marca.

Os dez melhores vídeos de conteúdo relativos aos esportes em 2017 foram todos do mesmo tipo. Os outros nove vídeos não eram de imagens do esporte em si, mas relativos a ele. Consistiam em mostrar shows do intervalo, ou de um momento atrás dos bastidores em que o atleta presenteia uma criança com um disco de hóquei, ou um hino cantado por um fuzileiro naval. "Eram todos momentos que aconteciam paralelamente ao evento, não era o esporte em si que capturava a atenção das pessoas", esclareceu Greenberg.

Analise assuntos e momentos relativos à atmosfera do mundo a que pertence sua marca. Que tipo de conteúdo se pode produzir que crie uma conexão emocionante ou entusiasme os espectadores com aquilo que você faz? Existe alguma maneira de lhes oferecer uma experiência motivacional ou de determinado estilo de vida? Talvez você não esteja ciente do grande interesse que os pequenos momentos do seu universo possam ter para outras pessoas.

A equipe de Greenberg fez um evento ao vivo no Facebook para criar a primeira prancha de surf, via contribuição coletiva, do mundo. Foi usada a plataforma ao vivo para perguntar aos fãs as dimensões requeridas para a prancha, e Hayden Cox a construiu em tempo real. Essa é apenas uma das ideias divertidas que a Liga Mundial de Surf já experimentou. Sua equipe está constantemente procurando coisas novas, apresentando produtos, transmitindo um pôr do sol, e assim por diante – no fundo, eles não se limitam apenas às competições (seu produto), mas buscam criar uma experiência completa do estilo de vida relativo à Liga Mundial do Surf. Seu objetivo é oferecer aos fãs um conteúdo engraçado e interessante.

NÃO FORCE AS PESSOAS A COMPARTILHAR

Você já dever ter notado que muitas marcas fazem as pessoas compartilhar postagens atraindo seus seguidores para marcar amigos ou comentar conteúdo. Essa é uma estratégia eficiente, mas você precisa de um motivo consistente para levar as pessoas a fazerem isso. É preciso criar uma necessidade para as pessoas aceitarem essa comunicação e a expandirem para a rede de seus amigos. Latham Arneson revela que uma das piores coisas que se pode fazer é pedir a alguém logo de cara para marcar um amigo. Seu trabalho como marqueteiro é dar às pessoas um motivo para envolver os outros, não apenas pedir. Pergunte-se por que iriam querer incluir conhecidos na conversa.

Fazer uma pergunta para o público é sempre uma boa estratégia. A Paramount Pictures geralmente pede aos fãs para marcar um amigo que pareça com um dos personagens no trailer do filme que ela está promovendo. É amplo, relacionável, e permite que o público inclua facilmente seus amigos. Contextualize especificamente suas solicitações de que os outros tomem alguma atitude. Assegure-se que eles realmente se correlacionem ao conteúdo e se envolvam de forma criativa.

Com filmes de terror, por exemplo, a equipe de Arneson criou um tipo de jogo, pedindo aos fãs para marcar seus amigos que ficariam mais assustados com o *trailer* do filme. As pessoas gostam de assustar seus amigos – é divertido. Ou, no caso de *trailers* de filmes românticos, de perguntar: "Com quem você gostaria de vivenciar esta história?". Isso dá às pessoas um motivo emotivo e fofo para incluir seus amados.

Em todas as situações em que a equipe de Arneson publicou um anúncio pedindo diretamente às pessoas para tomarem alguma atitude, como comprar ingressos, esses foram os anúncios menos compartilhados. Sem querer ensiná-lo a ser manipulador ou qualquer coisa do tipo, mas caso você deseje que alguém faça algo para você, faça parecer que você o está ajudando a fazer algo que *ele* já queria fazer. Não peça logo de cara para fazer o que você quer que ele faça. Deixe-o fazer as coisas da sua própria maneira. Não peça para compartilhar. Faça-o querer compartilhar.

DESISTA RÁPIDO

Ao contrário do mundo dos relacionamentos, nas mídias sociais é necessário desistir rápido. Mostre ao seu público a mercadoria! Brownstein explica que sua equipe cria vídeos que revelam muito desde o início. Ele quer que as pessoas se inclinem para frente e pensem, "Uau, aonde isso vai acabar?", para que continuem interessados e queiram assistir até o fim para ver como o resto se desenrola. Deixar o espectador por dentro da piada, por exemplo, lhes dá a sensação de participar da pegadinha.

Julius Deins também explica que tenta segurar o público dentro dos primeiros três a quatro segundos do vídeo, certificando-se que algo excitante e interessante aconteça logo no início. Ele sugere minimizar introduções e fazer o vídeo num ritmo acelerado e envolvente. Recentemente, no Facebook, mais estúdios cinematográficos começaram a adotar essa abordagem. Criaram *trailers* de cinco segundos que aparecem antes do *trailer* completo do filme, para capturar a atenção do público mais rapidamente.

UM CONTEÚDO MUITO BEM PRODUZIDO NÃO É NECESSARIAMENTE COMPARTILHÁVEL

Há gente que comete o erro de gastar muito dinheiro em vídeos de alto custo de produção, pensando que, por serem bem-feitos, terão repercussão e serão compartilhados. Brownstein observou que algumas pessoas equiparam conteúdo de qualidade com conteúdo compartilhável, mas na realidade não há necessariamente uma correlação. O conteúdo precisa dar um passo além de ser bom ou ótimo e conectar-se emocionalmente com o público, fazendo-o dar o grande passo de compartilhá-lo.

Ele ilustra esse conceito com um exemplo da campanha premiada que a Shareability fez para o Hyatt. A filmagem dos bastidores do vídeo musical de Dua Lipa "New Rules" é o segundo vídeo de maior sucesso na página de YouTube do Hyatt, e o interesse é altíssimo, mas se olharmos para outros vídeos do Hyatt, veremos que o interesse e envolvimento são bem baixos. Os vídeos são bem-feitos e interessantes, mas não foram criados para nos envolver. Foram criados para fazer um trabalho competente de narrar uma história, mas isso não os torna inerentemente compartilháveis.

O produtor Jon Jashni apoia a ideia, explicando que é necessário pensar para quem se cria o conteúdo, desde o conceito até a fase do design:

> Não se pode deixar que o único foco seja na criatividade, para que não se acabe fazendo algo ótimo para si mesmo, mas que não atraia bastante público para garantir o custo da criação. De modo inverso, não se pode fazer algo que seja apenas ruidoso e frenético, mas não signifique nada, em que tudo seja estiloso e fulgurante, mas sem substância – saboroso, mas não nutritivo. É necessário agradar ambos os mestres simultaneamente. É preciso ser algo atraente.

É necessário ter o objetivo final em mente desde o início. Comece perguntando-se o que deseja atingir para que isso se reflita na forma em que você vai criar o conteúdo. Se desejar que as postagens sejam compartilhadas, pense sobre o fator compartilhamento desde o início.

TENHA UMA MENSAGEM CLARA

Os conteúdos compartilháveis precisam de mensagem e narrativa bem claras. Arneson explica que as pessoas precisam compreender o que está sendo oferecido a elas, caso contrário não prestarão atenção. Ele exorta os criadores de conteúdo a serem claros sobre o que apresentam.

Esclarece que é interessante deixar o espectador confuso, na base do "eu não sei o que é isso, mas estou intrigado", desde que seja intencional. Compreenda o que você tenta passar para público para que a mensagem tenha repercussão. Isso fará o conteúdo mais relacionável e compartilhável. Encontre uma forma de fazer o público se importar.

Para refletir sobre a natureza de sua mensagem em termos gerais, volte ao conselho de Prince EA e pergunte: "Se este for o último vídeo que vou produzir, sobre o que irei falar?". Desta maneira é possível traçar o conteúdo de uma forma profunda e verdadeira. Como diz Prince EA: "O que vem do coração atinge outros corações".

DICAS RÁPIDAS E RECAPITULAÇÃO

- Um conteúdo compartilhável é a principal forma de crescer rápido e manter os fãs engajados.
- Sirva os demais. Ter uma mente orientada a servir irá levá-lo mais longe do que pensar em você mesmo. Sempre tente doar para os outros e pense neles primeiro.
- Usar um bom título aumentará sua capacidade de compartilhamento, pois ajuda na clareza da mensagem e tonará mais provável que o público veja o conteúdo.
- Conecte-se com o público por meio das emoções. Assegure-se que seu conteúdo desperta algum sentimento. Se quiser provocar risadas, choro ou sentimentos de qualquer espécie, tente tocar o coração de sua audiência.
- Não presuma que as pessoas assistam seu conteúdo com o som ligado. É sempre bom legendar seu conteúdo e garantir que sua mensagem seja cristalina.
- Minimize ao máximo as introduções nos vídeos. Vá direto para um ritmo acelerado e empolgante. Lembre-se que você tem apenas um segundo (ou no máximo três) para atrair alguém e manter seu interesse.
- Jogue com o inesperado. Faça viradas, especialmente no final dos vídeos.
- Não force uma solicitação de atividade de forma óbvia. Faça seu público compartilhar dando um motivo para que envolvam os amigos, e não dizendo coisas óbvias como "Me siga!" ou "Dê uma olhada nisso!". Pense em alguma coisa criativa e divertida para envolver as pessoas a executarem determinada ação.
- Cada peça do conteúdo deve bastar por si só. Não confie no fato de que todos já viram o conteúdo completo. Mesmo se já viram, não se pode esperar que recordem o que viram anteriormente.

→ Não tenha medo de criar conteúdo ou usar conteúdo aproveitado *relativo* ao seu assunto, mas não necessariamente *sobre* o assunto em si. Conteúdos que reproduzem momentos do estilo de vida relacionados à sua marca podem ser muito fortes. (E na dúvida, vídeo de pôr do sol e de golfinhos surfando funcionam como mágica.)

→ Siga sua intuição e seja autêntico. A mídia social é uma conversa de mão dupla. Quando se é genuíno e autoconectado, é mais fácil para os outros se conectarem com você.

6
ALIANÇAS ESTRATÉGICAS

A criação de parcerias estratégicas pode ser útil para expandir muito rápido. Elas são especialmente úteis se você tem pouco dinheiro para gastar na sua plataforma, ou quiser crescer utilizando estratégias puramente orgânicas. Elas lhe permitem acesso a um público já existente, assim não é preciso partir do zero. Basta descobrir o necessário para identificar e criar as parcerias certas que farão a sua marca se expandir depressa. Criar um grande número de seguidores por meio das ferramentas que indiquei até agora, será certamente útil para lhe dar destaque e atrair parceiros potenciais, porém há muitas outras maneiras. Este capítulo irá ajudá-lo a pensar fora da caixa.

As alianças têm sido o segredo do sucesso de alguns dos maiores influenciadores sociais existentes. Julius Dein atribui seu sucesso às parcerias. Começou com uma estratégia de "troca de compartilhamentos", em que ele compartilhava o conteúdo dos outros no Facebook, e em troca eles compartilhavam o seu. Buscou contatar o máximo de páginas importantes, lhes prestou favores. No começo, chegou até a pagar para que o deixassem publicar seus posts nessas páginas. Essas estratégias ajudaram a alavancar o crescimento de sua página no Facebook, que hoje conta com 13,8 milhões de seguidores, e também no Instagram, com mais de 3,2 milhões de seguidores atualmente.

COMO DESCOBRIR PARCEIROS E SE CONECTAR COM ELES

A compreensão dos seus objetivos quanto ao público-alvo o ajudará a escolher os parceiros certos. Se você souber o público que precisa atingir, o passo seguinte é conhecer as contas, marcas e as pessoas que também têm esses mesmos clientes ou público. Por exemplo, se você representa uma marca de vestuário feminino, e visa mulheres entre 18 e 35 anos de idade, procure ver quem mais tem esse público – descubra influenciadores e plataformas que visem essa mesma faixa demográfica.

Depois de escolher quem você deseja ter como parceiro é preciso persistência. Mesmo se for rejeitado na primeira abordagem, não desista.

Ponha-se no lugar do outro e pense no que gostaria de receber. Ainda que alguém pareça ter muito mais prestígio, mesmo assim você terá algo útil a lhe oferecer. *Pense no que o faz ser único.*

Outra tática importante é focar na criação de pontes com superconectores – gente disponível e ligada a muitas outras pessoas. Procure-os, porque eles conhecem as pessoas a quem você deseja se ligar. Descubra pessoas no seu ramo de trabalho que possam servir de ponte para quem você deseja conhecer. Por exemplo, se você deseja colaborar com Taylor Swift, o mais provável é que não tenha acesso direto a ela. Tem que descobrir pessoas que já a conhecem. Eu não teria trabalhado com Taylor Swift, se já não tivesse uma ligação anterior com a MTV.

Descubra os conselheiros de confiança de seu parceiro potencial. A MTV não é a única maneira de entrar em contato com Taylor Swift. Ela também tem pais, amigos, empresários, diretores e dançarinos, com os quais trabalhou. Há muitas maneiras diferentes de se chegar até as pessoas. Uma abordagem direta aos grandes astros talvez não dê certo. É preciso um plano.

De início, também vale a pena visar pessoas de nível mais semelhante ao seu. Se você está abrindo uma butique de roupas, é provável que existam influenciadores na sua própria cidade. Para ter sucesso, não é preciso convencer Kim Kardashian a trabalhar com você. Talvez haja algum ícone da moda ou blogueiro na sua comunidade social com quem você possa fazer parceria. (Se você for de uma empresa ou marca local, fornecerei mais estratégias sobre como descobrir e abordar os influenciadores locais, no capítulo sobre o Instagram.)

USE O QUE TIVER

Às vezes, não há um caminho direto para onde você quer chegar. Há uma atriz chamada Zoë Bell que começou como dublê. Ela trabalhou em uma porção de filmes de Quentin Tarantino e foi dublê de Uma Thurman em *Kill Bill*. Trabalhou tantas vezes com Tarantino que ele acabou a escalando para o papel principal em *À prova de morte*, de 2007. Apesar de Bell ter começado como dublê, tinha algo valioso a oferecer; cultivou uma amizade com um dos maiores diretores de Hollywood, e começou a atuar como atriz de modo inesperado.

É semelhante à história de David Leitch. David começou trabalhando como dublê em filmes como *V de Vingança*, *Clube da luta*, *300* e *Supremacia Bourne*, então cultivou relacionamentos e se tornou diretor de segunda unidade. Por fim, dirigiu *John Wick*, *Atômica* e *Deadpool 2*.

Qual é a moral da história aqui? Inscrever-se em um curso de dublê? Não. É perguntar-se o que você possui de valor para oferecer às pessoas influentes no seu ramo de atividade. Procure se destacar, seja notado, seja diferente. E o que você tem a oferecer não precisa ser necessariamente nem exatamente a coisa que você está tentando fazer. Algo tão simples quanto trabalhar como mensageiro ou extra no conteúdo de outro influenciador, poderá levá-lo a uma futura colaboração na esfera do conteúdo. Portanto, oferecer algo de valor às pessoas influentes no seu ramo de trabalho talvez lhe permita começar um verdadeiro relacionamento com elas. Com isso, você começa a figurar na tela de radar dessas pessoas, e à medida que o relacionamento se desenvolve, há um aumento dramático na probabilidade de que elas passem a querer ajudá-lo ou aproveitar o seu talento.

Quando Joivan Wade, criador da página do Facebook "The Wall of Comedy!", com 4,2 milhões de seguidores, começou sua primeira série na web, mandou uma mensagem para todas as suas conexões, perguntando: "Oi, eu sei que está provavelmente ocupado, mas você se importaria em dar uma olhada na minha série on-line?". Algumas dessas pessoas só responderam agora: "Olá, Joivan, estou vendo que você fez seu primeiro filme em Hollywood. Tenho muito orgulho de você, está indo tão bem". A mensagem anterior que ele havia mandado ainda permanece na corrente de mensagens do Facebook. Essas pessoas citadas que responderam dizendo que sentiam orgulho dele, só o fizeram 7 anos depois. Apenas umas cinco, entre milhares de pessoas a quem ele enviara mensagens, lhe responderam imediatamente.

Nem todo mundo tem tempo ou precisa ajudá-lo, ou tem que trabalhar com você. Mas é preciso manter o esforço até obter os resultados que você deseja. Em outras palavras, se você mandou mensagens a cinco pessoas e não obteve resposta nenhuma, não desanime. Mande mensagens a mais centenas, e depois a mais centenas de centenas, até encontrar pessoas que propaguem a sua mensagem ou se tornem colaboradores com quem você possa trabalhar. Mesmo se apenas dois ou três pessoas desejem trabalhar com você, já é alguma coisa. É a qualidade, e não quantidade, que ajuda a crescer. Ponha o foco em uma ou duas parcerias ou conexões valiosas.

OFERTAS ÚNICAS

Shazam (adquirida pela Apple) é um exemplo perfeito de uma companhia que começou pequena, mas com uma oferta inigualável, um aplicativo que consegue identificar qualquer música a partir da audição de uma pequena amostra, por meio do microfone do dispositivo. Chris Barton, fundador e presidente da Shazam, ex-chefe do setor de desenvolvimento de negócios da Android, da Google, sempre focou em parcerias para acelerar o crescimento na esfera do desenvolvimento de negócios. Barton explicou que no início a Shazam lutou 6 anos para obter qualquer sucesso. Era uma pequena empresa iniciante que criou sua plataforma antes mesmo dos smartphones terem aplicativos. Então, finalmente fez uma parceria com a AT&T para a distribuição do aplicativo de reconhecimento musical, que gerou uma renda substancial para a Shazam, naqueles primeiros tempos da empresa iniciante. Apesar de ser comparativamente reduzida, a tecnologia da Shazam foi útil para a AT&T, oferecendo a possibilidade de diferenciar seus telefones dos demais telefones de outros provedores de telefonia. E o dinheiro que a Shazam ganhou a partir dessa parceria ajudou a empresa iniciante a desenvolver ainda mais a sua tecnologia.

O negócio com a AT&T não levou a marca da Shazam, o que significa que o nome da Shazam não pareceu ligado à tecnologia da plataforma da AT&T. Por isso Barton e sua equipe ainda queriam ter oportunidade tornar a marca mais conhecida e desenvolver a companhia. Quando foi lançado o iPhone em 2007, a App Store ainda não existia. A equipe de Barton pensou, "não seria uma maravilha se pudéssemos botar a Shazam no iPhone?". Em 2008 a Apple começou a montar a App Store para o lançamento. Eles abordaram várias companhias, a Shazam entre elas. Essa "sorte", diz Barton, se deve ao fato de seu produto representar uma oferta sem igual.

Foi aí que começou a expansão da Shazam rumo à conquista do grande público. Naquela época só havia 1 ou 2 milhões de iPhones – e não a quantidade louca que hoje vemos –, mas para a Shazam foi uma virada de jogo. As pessoas baixavam os seus aplicativos, e à medida que as vendas do iPhone aumentavam, também aumentavam os downloads da Shazam.

Barton diz que o que levou a Shazam a ter enorme sucesso foi a combinação da acessibilidade, por meio da plataforma do iPhone, junto com a experiência simples mas boa da parte do usuário. As pessoas sentiam que era quase um truque de mágica poder apertar um botão e ficar imediatamente sabendo o nome das músicas. Os usuários ficaram tão encantados que começaram a mostrar o aplicativo aos seus amigos, o que gerou um enorme crescimento boca a boca. Então se o que você oferece não tem igual e você consegue encontrar os parceiros certos, pode se preparar para um crescimento maciço.

O YouTube também é outra companhia que cresceu graças ao que oferecia e a uma aliança estratégica. Foi criada e vendida dentro de vinte e dois meses por 1,6 bilhão de dólares, porque aproveitou estrategicamente a plataforma do Myspace para dirigir o tráfego para a sua própria plataforma. O YouTube criou um fragmento de código (hoje chamado de código incorporado) para que as pessoas pudessem incorporar vídeos nos seus perfis do Myspace. Isso era novidade na época; funcionava como o primeiro leitor de vídeo do Myspace. Quando os usuários viram que seus amigos estavam incorporando vídeos aos seus perfis do Myspace, quiseram frequentemente fazer o mesmo. O YouTube cresceu porque era visualizado nos perfis do Myspace, e os usuários espalharam a marca da companhia sem sequer perceber.

O YouTube também fez jogadas inteligentes como mostrar o seu logo no player, de tal forma que quando os usuários clicavam no vídeo eram dirigidos para o website do YouTube. É importante frisar que se trata de um tipo diferente de "aliança" estratégica, porque a Myspace de início não percebeu o que estava acontecendo. Chegado o momento em que o YouTube já reunira uma massa crítica, o Myspace tentou interromper o processo, mas já era tarde demais. Ao perceber finalmente o tremendo crescimento do YouTube, o Myspace reagiu desativando o código incorporado deste último, o que provocou uma revolta dos usuários do Myspace, obrigando-o a reativá-lo. Então o Myspace tentou comprar o YouTube, mas perdeu o lance para a Google. Por isso, às vezes é possível maximizar o valor das fontes de tráfego fornecidas pelas plataformas sociais e digitais, sem precisar de parcerias "formais". Neste caso, por exemplo, o YouTube aproveitou o fato do Myspace já permitir os códigos incorporados nos perfis de seus usuários, para acumular público. O Instagram também cresceu rápido ao encorajar as pessoas a compartilhar suas belas fotos nos seus perfis do Facebook, fato que atraiu mais gente para a plataforma do Instagram. Embora o Facebook soubesse disso, as duas plataformas nunca formalizaram nenhuma parceria, até que o Facebook adquiriu o Instagram, em 2012.

Zynga, desenvolvedora de jogos on-line, adotou uma prática parecida, aproveitando a plataforma do Facebook, quando começou em 2011. Na época o Facebook permitia que os usuários de jogos mandassem aos amigos convites como este: "Esta pessoa deseja convidá-lo para jogar..." O Facebook finalmente mudou a maneira de mandar convites, mas a essa altura Zynga já havia aproveitado essa ferramenta para crescer e se tornar uma firma que valia 1 bilhão de dólares.

Barton também frisou que a Dropbox, onde ele trabalhou como gerente de desenvolvimento de negócios com celulares, é mais um exemplo de uma companhia cujo crescimento é atribuído a parcerias. A Dropbox tentou tudo que era tática imaginável para estimular seu crescimento. Finalmente, a que deu melhor resultado para ela foi conseguir que os usuários convidassem seus amigos, oferecendo armazenamento gratuito em troca. No fundo, a Dropbox organizou uma parceria com os seus usuários.

As alianças estratégicas funcionam. Foi o que me fez ter clientes como Taylor Swift e Rihanna. Fiz parceria com a MTV numa plataforma que criei e então ela me apresentou a Taylor Swift e a outras grandes celebridades. Se você aproveitar a sua oferta singular, ficará espantado com o acesso que isso lhe dará às pessoas certas, que ajudarão no seu crescimento.

BRINDES

Os brindes constituem outra estratégia que muitas marcas usam para obter parcerias (especialmente aqui em Hollywood). As marcas pagam para participar de feira de brindes, o que lhes dá a oportunidade de levar os seus produtos às mãos das celebridades. É preciso dar os seus produtos às celebridades de graça, mas assim você obtém fotos delas com os seus produtos nas mãos, o que os expõe a um público mais vasto e lhes dá a maior credibilidade aos olhos dos fãs.

ESCREVER ARTIGOS ESPECIAIS

Você não precisa ser inventor de aplicativo ou nerd, nem mesmo vender produtos para fazer as estratégias de parceria trabalharem a seu favor. Basta descobrir quem precisa de suas habilidades.

Talvez você seja blogueiro de moda ou estilista. Nesses casos você pode escrever um artigo especial para outro blog de moda ligeiramente maior (ou até enorme). Descubra apenas alguém que tenha um público que combine com aquele que você está buscando. Ofereça-se para escrever um artigo de graça durante um mês, desde que o parceiro visado use o seu nome e forneça um link para o seu site. Isso irá expor a sua marca, plataforma ou produtos para outras pessoas.

IDENTIFIQUE E DÊ VALOR A QUEM TEM TRÁFEGO

Quando trabalhei para a produtora de cinema e financeira Lakeshore Entertainment, queria fazer parcerias com blogueiros de cinema. Na época, a maior parte dos blogueiros de cinema não era levada a sério, exceto Harry Knowles, que criou e gerenciou o *Ain't Cool News*. Era a única pessoa com quem o a indústria cinematográfica queria trabalhar, mas mesmo assim não o tratavam com respeito. Esperavam que ele simplesmente publicasse o conteúdo deles em seu blog.

Para mudar a dinâmica e criar melhores parcerias com os blogueiros de cinema, nossa equipe começou a dar festas particulares, em que os talentos cinematográficos, como atores, diretores, vinham socializar com os blogueiros. Tratávamos os blogueiros como amigos e astros de rock. A gente lhes dava a sensação de fazer parte do processo. Além disso, nós lhes dávamos conteúdo exclusivo. Por exemplo, ao trabalhar com o ator Jason Statham no filme *Adrenalina*, de 2006, gravamos apresentações individualizadas em vídeo para os melhores blogueiros de cinema, por ocasião do lançamento do filme.

Usávamos essas táticas porque sabíamos que os blogueiros de cinema tinham um grande público e o estúdio onde eu trabalhava só podia dispor de verbas de marketing relativamente pequenas, de aproximadamente 15 milhões a 30 milhões de dólares por filme. Pode parecer muito, mas não é nada comparado aos 50 milhões a 100 milhões de dólares das verbas para os lançamentos dos grandes estúdios. Nossa equipe precisava encontrar uma maneira inteligente de chamar atenção e vender os nossos filmes. Ao criar parcerias com os blogueiros de cinema, estreitamos relacionamentos que fizeram mais gente prestar atenção ao nosso conteúdo.

Agora, não estou dizendo que é preciso partir para festas grandes e animadas. E sim que basta identificar quem é influente e quem tem um grande público no âmbito do seu próprio setor de trabalho, e então dedicar-lhe o máximo possível de verdadeira atenção.

COLABORANDO

Colaborar com as pessoas certas ajuda a criar e sustentar o seu público. Se você for músico, pode oferecer gratuitamente suas músicas aos influenciadores para que façam delas o que quiserem nos seus vídeos. Se for modelo, pode entrar em contato com diferentes grandes fotógrafos do seu nicho no Instagram, e dizer-lhes que você pode trabalhar de graça na próxima campanha de marca deles. Se for atleta, pode colaborar com outros atletas. Por exemplo, a surfista profissional Coco Ho e seu namorado, o snowboarder profissional Mark McMorris, muitas vezes trocavam postagens recíprocas no Facebook e Instagram, o que engrossava e encaminhava os seus respectivos públicos para os canais sociais um do outro. O sucesso no YouTube é sempre bastante incrementado pela colaboração e direcionamento recíproco dos fãs (vamos mergulhar mais fundo nisso no Capítulo 9).

Fomentar esses relacionamentos tem tudo a ver com a dinâmica social. Criar parcerias mutuamente benéficas da parte de ambos os lados. Use a colaboração e parcerias estratégicas para alimentar e promover o crescimento de sua marca.

A PARCERIA DUA LIPA / HYATT

Erick Brownstein, presidente e diretor de estratégia da Shareability, trabalhou em uma colaboração premiada entre a cantora-compositora Dua Lipa e o Hyatt Hotels Corporation.[15] O Hyatt procurou a Shareability e explicou que eles queriam fazer algo com música já havia muito tempo, mas não tinham descoberto o modo certo. A Shareability sugeriu financiar um vídeo musical de algum artista emergente e descolado. Em troca, o vídeo musical seria rodado em uma das locações que o Hyatt queria promover. O hotel entraria como pano de fundo e contexto do vídeo. E eles rodariam uma porção de cenas de bastidores no hotel, que poderiam ser lançadas no canal de YouTube do Hyatt.

O Hyatt resolveu por em prática a ideia e escolheu o Confidante Hotel em Miami Beach. Fazendo parte da Unbound Collection do Hyatt, em que butiques lançadoras da moda e hotéis independentes se associam

---

15 "Dua Lipa's New Rules Music Video, The Confidante Miami Beach Part of the Unbound Collection by Hyatt, Winner in YouTube Partnership", *10th Annual Shorty Awards*. Disponível (em inglês) em: <http://shortyawards.com/10th/dua-lipa-new-rules>. Acesso em: 10 de fevereiro de 2020.

sob a administração do Hyatt, o Confidante não é de fato um hotel com a marca Hyatt, e sim um associado que deseja atrair um setor do público mais jovem, sendo por isso uma boa escolha. A Shareability optou por trabalhar com Dua Lipa, que estava começando a decolar. Ela encantava o público internacional e atraía o público jovem. Eles a procuraram, explicaram o plano e ela concordou.

Os primeiros três segundos do vídeo musical "New Rules" é a única parte que mostra integralmente o hotel e seu nome. Depois, cada cena do vídeo acontece dentro do hotel – nos quartos, corredores, piscina, restaurante e na cabana. A Shareability fez questão de fornecer ao espectador toda a vivência do hotel.

"New Rules" soma atualmente quase 1,2 bilhão de espectadores. A popularidade de Lipa disparou de 13 milhões de acessos ao *streaming* por mês para 4 milhões por dia. O vídeo fez sua carreira disparar completamente. As cenas de bastidores do vídeo têm hoje mais de 20 milhões de visitas nos canais da Hyatt.

Esta colaboração foi altamente benéfica para ambos. Hoje o Hyatt é tido pelas marcas da indústria fonográfica como o parceiro perfeito para trabalhar com novos artistas. O Hyatt e o Confidante vêm desde então sendo objeto de artigos de destaque em revistas de música tão importantes quanto *Rolling Stones* e *Billboard*. E todo artigo sobre o vídeo musical de sucesso faz menção a "Dua Lipa no Confidante hotel em Miami Beach". O hotel teve uma publicidade incrível como coprotagonista do vídeo.

PENSE NAS MANCHETES QUE SERIAM PROVOCADAS PELA SUA PARCERIA

Latham Arneson, ex-vice-presidente de marketing digital da Paramount Pictures, explica que os estúdios cinematográficos utilizam regularmente parcerias estratégicas como auxílio para criar uma maior veiculação das mensagens e propaganda das marcas. Às vezes a sua equipe imagina o tipo de manchete que determinada parceria estratégica é capaz de provocar – que faça as pessoas prestarem atenção e seja adequada à linha narrativa do filme. Os executivos dos estúdios estão sempre querendo criar algo que estimule as pessoas a se relacionar mais profundamente com as suas marcas, e que as faça realmente assistir ao filme ou se conectar com o conteúdo.

Certa vez, Arneson trabalhou numa parceria entre o Uber e o filme de 2014, *Transformers: a era da extinção*. As pessoas podiam pedir pelo Uber para dar uma volta no Optimus Prime, um autobot, que era um personagem alienígena da série *Transformers*, capaz de assumir várias formas, em quatro das cidades mais importantes dos Estados Unidos. Isso jogava com os temas do filme, devido ao relacionamento dos humanos com os robôs que podiam se disfarçar de carros. Foi uma parceria exclusiva e criativa que mereceu grande interesse e deu resultados positivos às duas companhias.

Antes de criar uma parceria, Arneson sugere que se faça a si mesmo duas perguntas: (1) Alguém vai prestar atenção à atividade ou parceria? E (2) a parceria *incrementa a sua marca* – faz as pessoas de algum modo participarem ou agir? São esses os componentes críticos. Você pode ter ideias pretensiosas, mas se realmente não ajudarem a sua marca, são inúteis. Viralizar por viralizar não quer dizer nada. É preciso que *realce* a mensagem ou objetivo qualquer que você esteja procurando atingir.

PLATAFORMAS INFLUENCIADORAS

Uma das maneiras de descobrir influenciadores relevantes para a sua marca é usar uma plataforma influenciadora como a CreatorIQ, Speakr, ou Traackr. As plataformas influenciadoras permitem que você faça buscas com várias variações. Elas podem ajudá-lo a criar grupos de participação ou custearem os melhores influenciadores para curtir suas fotos, de modo a viralizá-las. Você também pode usar essas plataformas se quiser se promover como influenciador e possivelmente descobrir marcas abertas à colaboração.

Para escolher os influenciadores certos, é preciso pensar nos objetivos de sua companhia e quem constitui a sua clientela. Então é preciso fazer uma lista para ajudá-lo a atingir esse público. Nas plataformas influenciadoras, você pode pesquisar os influenciadores por suas categorias, como negócios, finanças, viagens, cuidados com a pele, comida e bebidas, e assim por diante. Há categorias para todos os setores. Você pode também separá-los por localização, plataforma, marca, celebridade, frequência de postagem, tipo de perfil, postagens recentes, quantidade de seguidores etc.

Mantenha na cabeça a necessidade de testar continuamente e experimentar vários influenciadores. David Oh explica que no decorrer dos anos sua equipe testou mais de 5 mil influenciadores diferentes, até achar os que ofereciam maiores retornos. Nem todo influenciador irá obter retornos ou funcionar para a sua marca. Só por ele ter um público de milhões de pessoas não significa automaticamente que você ganhará milhões com essa colaboração. Tudo gira em torno de testar e descobrir quem se encaixa direito.

GRUPOS DE COMPARTILHAMENTO E PARTICIPAÇÃO

Os grupos de compartilhamento e participação são uma ótima maneira de crescer rápida e organicamente. Joivan Wade, fundador da página do Facebook "The Wall of Comedy", enfatizou que a estratégia do grupo de participação foi parte importante do crescimento de sua página e da viralização do seu conteúdo. Sua companhia criou uma rede de compartilhamento com diferentes páginas e plataformas. Quando um integrante da rede cria um elemento de conteúdo, isso é enviado a todos da rede, que podem então compartilhar o conteúdo em suas páginas, curtir e comentar o conteúdo na página do criador original, ou ambos. No Instagram, por exemplo, alguém pode fazer upload de um vídeo ou foto e então cinco outras pessoas com muitos seguidores na rede de compartilhamento curtem ou comentam. Isso dá ao conteúdo uma chance muito maior de chegar à página "Explore" do Instagram, o que lhe ajuda a incrementar sua visibilidade, e dá ao postador original a oportunidade de criar uma boa quantidade de impressões, que levam subsequentemente a mais seguidores.

A exposição do conteúdo a um público maior se dá com o desenvolvimento da comunicabilidade entre pessoas, que trocam compartilhamentos mútuos entre suas próprias postagens. Wade cita o exemplo da viralização de Big Shaq, o personagem de Michael Dapaah. Ele diz que a viralização foi devido principalmente a uma enorme quantidade de contas sociais que o compartilhavam simultaneamente – a velocidade dessas trocas fez com que viralizasse.

Não se pode supor que basta compartilhar o conteúdo com o seu próprio público. Seja estratégico e descubra parceiros. Deste modo é possível constituir um grupo de apoio e promover o conteúdo uns dos outros. Descubra contas, páginas e gente que pertença a um espaço parecido com o seu. Se você for comediante, descubra outros comediantes. Se for artista, descubra outros artistas. Se for fotógrafo, descubra outros fotógrafos. Aproxime-se de seus pares e pergunte a eles se gostariam de fazer parceria contigo e integrar um grupo de participação. Ou talvez eles já façam parte de um grupo assim em que você possa ingressar. Trabalhando em conjunto, você terá mais sucesso.

APROVEITANDO O CONTEÚDO ALHEIO PARA CRESCER DEPRESSA

Wade fez crescer a sua página do Facebook até atingir 4,2 milhões de seguidores, em menos de 2 anos, hoje com mais de 350 milhões de visualizações por mês. Todo esse crescimento foi orgânico; sua equipe nunca gastou sequer um centavo em publicidade. Segundo o ponto de vista de Wade, não é preciso investir dólares em propaganda, se você tiver entusiasmo criativo e as ideias certas.

Um dos feitos brilhantes de sua página no Facebook é que 70% do conteúdo é cedido sob licença, e só 30% é original. Ele aproveitou o conteúdo de outras pessoas na hora de criar público, para que mais tarde sua equipe pudesse promover o conteúdo original dele nesse mesmo público. É importante também frisar que Wade não paga nada pelo conteúdo cedido – apenas oferece uma oportunidade aos criadores de vídeo para atingir o enorme público que ele fez, o que lhes dá uma boa exposição como criadores. Esta é uma maneira inteligente de casar o meu sistema com uma estratégia orgânica. Faça uma massa enorme de seguidores, em seguida procure parceiros para que cedam gratuitamente o conteúdo que criaram em troca de expor a marca deles a esse público recém-criado.

A Netflix é um perfeito exemplo de uma companhia que empregou uma estratégia parecida. Ela começou com um pacote de conteúdo bem popular cedido, que já era amado pelas pessoas, como as séries de TV tipo *Um maluco no pedaço*, e filmes da Disney. A Netflix trouxe os espectadores para uma plataforma onde podiam assistir todo dia os seus espetáculos e filmes favoritos, o que facilitou a criação de um público. E depois que esse público cresceu bastante, a Netflix criou e lançou conteúdo próprio.

Quando esse conteúdo próprio foi lançado... *bam!* Já havia um público pronto para ele, o que deu força à Netflix para lançar espetáculos da magnitude de *House of Cards* e *Orange is the New Black*. Teriam eles feito tanto sucesso sem o público já garantido da Netflix? É difícil dizer ao certo, embora saibamos que a Netflix realmente vinha criando sua clientela base por meio dos conteúdos cedidos há mais de 15 anos, antes do lançamento dos programas originais.

A Jukin Media, conhecida como a Getty Images dos vídeos virais, criou um negócio muito lucrativo graças ao aproveitamento de conteúdo. Jukin concede a licença para a exibição de vídeos criados por usuários de todos os cantos do mundo. Fornece a outras pessoas conteúdos provindos de seus canais e imensa biblioteca, para que essas pessoas possam aproveitá-los para fortalecer suas marcas. A biblioteca de conteúdo de Jukin inclui clipes hilários de fiascos (por exemplo, gente caindo, pegadinhas), vídeos de animais de estimação e vídeos de gente fazendo coisas espantosas (por exemplo, saltos mortais de costas, acrobacias incríveis). Ele trabalha em conjunto com os maiores programas televisivos e empresas de mídia do mundo, e alguns dos maiores editores digitais e websites, inclusive o *AOL*, o *Huffington Post*, e *Yahoo!* O conceito por trás da companhia é que se pode rever o mesmo vídeo muitas vezes; trocar a embalagem do conteúdo e fazê-lo visar um novo propósito. Jukin descobriu uma maneira de estender o tempo útil do conteúdo, o que ajuda as marcas, já que criar conteúdo do zero é muito difícil devido ao alto custo de fazer cinema. Entre o YouTube e Facebook, ele tem hoje cerca de 80 milhões de seguidores, tudo isso criado pelo aproveitamento do potencial de filmagens já existentes e descobertas, e conteúdo original feito por outros criadores. Os membros da equipe de Jukin se tornaram especialistas e reuniram dados sobre quais tipos de conteúdo viralizam organicamente.

Tanto faz se você administra uma companhia que luta para gerar uma participação significativa nas plataformas sociais, ou é alguém que está criando uma marca pessoal do zero. De qualquer forma, pode fazer parceria com outras pessoas ou marcas, obter e aproveitar o conteúdo de outras pessoas, ou entrar em grupos de compartilhamento e participação para adquirir uma abordagem mais completa da estratégia de conteúdo. Você ainda pode dar prioridade e promover o seu conteúdo próprio, mas também aproveitar o poder das parcerias estratégicas para promover o crescimento considerável do seu público e seu engajamento.

DICAS RÁPIDAS E RECAPITULAÇÃO

→ As alianças estratégicas podem apresentá-lo a um público já existente, para que você não tenha que partir do zero.
→ As parcerias ajudam a expor mais as mensagens e percepção da marca.
→ Descubra parcerias estratégicas que promovam crescimento. Busque qualidade, e não quantidade.
→ Descubra os superconectores ao seu alcance que podem conectá-lo a outras pessoas.
→ Ponha-se no lugar do seu parceiro para imaginar o que teria valor para ele.
→ Seja criativo ao abordar os seus parceiros. Pense naquilo que só você pode oferecer e como isso se ajusta às necessidades de quem você aborda.
→ Trabalhe na base da troca de compartilhamentos.
→ De início, procure parceiros à mão – eles não precisam ter muito mais seguidores que você para poder ajudá-lo.
→ Crie ou ingresse em grupos de interação em que você compartilhe e crie conteúdo coletivamente. O conteúdo viraliza porque há uma quantidade muito grande de gente compartilhando algo simultaneamente.
→ Procure parcerias que provoquem manchetes.
→ Obter licença para publicar o conteúdo dos outros é uma boa estratégia de crescimento, além do bom custo-benefício.
→ Crie uma quantidade maciça de seguidores e então aborde parceiros de conteúdo para obter gratuitamente o conteúdo deles, em troca de exibir as marcas desses parceiros para o seu próprio público recém-criado.

GLOBALIZE-SE (UMA OPORTUNIDADE)

Globalizar-se pode ter um extremo valor. Hoje há 323 milhões de pessoas nos Estados Unidos, porém existem 7,6 bilhões de pessoas no mundo. As maiores celebridades e influenciadores nunca deixam de ter um plano global para conquistar público em outros países – é uma ótima maneira de ascender ao patamar de um verdadeiro superastro.

O produtor e vencedor do Emmy, Mike Jurkovac, concorda. Ele diz que o Black Eyed Peas tornou-se umas das maiores bandas do mundo porque os músicos sabiam como se conectar com o público internacional. Quando está no Brasil, will.i.am usava a camisa da seleção brasileira de futebol. Quando estavam no México, Taboo tinha uma bandeira mexicana. É a única banda do mundo que já lotou o Stade de France, com todos os seus 80 mil lugares, três vezes. Até Jay-Z invejava o sucesso deles quando dizia: "Se eu fosse tão importante como vocês, fora dos Estados Unidos, ficaria muito feliz". Se você compreende como tirar proveito do público global, isso pode aumentar consideravelmente as suas oportunidades, tanto no mundo inteiro quanto na sua região.

No entanto, eu gostaria de salientar que, embora a globalização abra oportunidades incríveis, não é necessariamente a coisa certa para todo mundo. Ao conduzir testes extensivos de pesquisas para este livro, descobri que os mercados emergentes são a bola da vez na esfera social e digital, no que diz respeito ao crescimento. Mas se você tem uma empresa de *e-commerce* que vende apenas no mercado do seu país, então a globalização não é prioridade, e não é preciso adquirir público e seguidores nos mercados emergentes.

No entanto, mesmo que você não venda produtos no exterior, ter um público internacional ainda pode ajudá-lo a aumentar seus índices de prestígio e credibilidade. Ter muitos seguidores, independente de suas nacionalidades, faz você ser mais levado a sério. Em geral, a expansão global é uma ótima oportunidade para subir rapidamente em pouco tempo, o que também lhe possibilita ser original e ganhar destaque.

As fronteiras nacionais não importam tanto assim se você for ator, diretor, músico ou artista. Um músico pode vender música em qualquer lugar. A finalista do *American Idol*, Jasmine Trias, vendeu apenas 14 mil cópias de seu álbum nos Estados Unidos, mas ganhou um disco de platina nas Filipinas. Se não tivesse pensado em escala global, teria perdido uma grande chance de seguir seu sonho de tornar-se uma cantora profissional. E se você é um ator norte-americano, por exemplo, tenha em mente que 60 a 70% da receita de bilheteria é geradas no exterior, o que significa que as vendas internacionais na realidade são mais significativas que as domésticas. Se você puder entrar em um estúdio ou na sala do diretor de elenco e dizer: "Você sabe que a Índia é a terceira bilheteria no mundo, com US$ 1,9 bilhão em vendas por ano.[16] E eu tenho X seguidores lá", isso lhe dará destaque e certa influência. Se tiver público em mercados internacionais valiosos como México, Brasil, Índia, Indonésia, Polônia ou Turquia, isso com certeza pode fazê-lo se destacar da multidão e lhe dar certo peso. A indústria cinematográfica norte-americana faz muito dinheiro nesses países, e alguns filmes só sobrevivem por conta do desempenho internacional de sua bilheteria.

ENXERGAR OPORTUNIDADES EM OUTRAS PARTES DO MUNDO

Como mencionei anteriormente, existem 7,6 bilhões de pessoas no mundo. Muitos empreendimentos pensam de maneira muito estreita e acabam ignorando as pessoas de outros países. Sempre defendi a ideia que a gente tem que se distinguir e ser diferente de todo mundo, o que é mais difícil de ser feito nos Estados Unidos ou no Reino Unido, pois tem muita gente lutando por público nesses mercados. Mesmo que você seja um gênio criativo e possua algo realmente extraordinário a oferecer, é difícil conquistar atenção sem ampliar o âmbito.

As pessoas pensam que ter uma fatia do mercado dos Estados Unidos, Reino Unido e Canadá tem mais valor do que em outras partes do mundo. É verdade que a sua apreciação sobe dramaticamente, como um foguete, se conseguir público nessas regiões, mas não se deve descartar oportunidades em outros locais. Recomendo testar seu conteúdo ou marca em mercados diferentes, que não estejam supersaturados ou tenham menos competição.

O WhatsApp é um exemplo perfeito de uma empresa de sucesso que fez exatamente isso. Eles foram extremamente bem-sucedidos ao conquistar

---

16 "Theatrical Market Statistics 2016", *Motion Picture Association of America*. Disponível (em inglês) em: <https://www.mpaa.org/wp-content/uploads/2017/03/MPAA-Theatrical-Market-Statistics-2016_Final.pdf>. Acesso em: 10 de fevereiro de 2020.

grandes fatias do público na Malásia, Turquia, Arábia Saudita, Índia e Brasil. A maioria das pessoas não dariam automaticamente crédito a esses países ou então os considerariam irrelevantes. O WhatsApp, por sua vez, fez crescer e incrementou esses públicos. A equipe por trás do WhatsApp foi aumentando a importância da empresa até que ela fosse adquirida por US$ 17 bilhões, a maior compra tecnológica do nosso tempo.

Um dos principais motivos por que o Facebook comprou o WhatsApp é devido a sua audiência internacional. O Facebook já tinha clientes suficientes nos mercados de "alto-valor" dos Estados Unidos, Reino Unido e Canadá. Precisava de uma oportunidade para expandir seu alcance e crescer em outras partes do mundo.

CUSTEIO EFICIENTE

Hoje, na plataforma de anúncios do Facebook é mais rentável economicamente visar as pessoas e mercados emergentes. Adquirir um seguidor ou curtida na Índia, Indonésia, Brasil ou México é muito mais barato que focar em pessoas nos Estados Unidos. Isso acontece porque não há muitas pessoas disputando esses países, fato que cria um excesso de inventário no leilão. Poucas pessoas fazem ofertas nessas áreas, e, por isso, o custo para conquistar ou engajar seguidores é muito baixo. Isso representa uma oportunidade enorme para se expandir e criar um público global maciço.

Conseguir um seguidor na Índia, ou em outros mercados emergentes, pode custar menos que um centavo de dólar, ao passo que angariar seguidores nos Estados Unidos – experimente só – pode lhe custar cerca de sete a dez centavos de dólar. De novo, isso flutua de acordo com a qualidade de seu conteúdo, mas representa uma grande oportunidade.

PRIMEIRO OS MERCADOS ESTRANGEIROS

Uma estratégia muito eficaz para acumular seguidores ou engajamento em postagens é fazer questão de primeiro mandá-las para os mercados emergentes. Os mercados emergentes são mais baratos e tem propensão a curtir e compartilhar mais rápido. Então, depois que as postagens ganham força nessas regiões, você as redireciona para seu público-alvo nos mercados domésticos.

Isso funciona por causa do valor auferido e da credibilidade. Imagine que você tenha duas peças de conteúdo que apareçam em seu feed. Uma tem 10 mil curtidas e a outra cinco. Qual delas você levará mais a sério? Provavelmente a que teve maior participação lhe atrairá mais, mesmo que seja exatamente a mesma postagem. De modo geral, é mais fácil fazer as pessoas interagirem com um conteúdo que tem 10 mil curtidas, que parece mais valioso para o espectador.

Costumo promover primeiro o engajamento nos mercados mais baratos. Tenho sido capaz de conseguir que 100 mil pessoas curtam uma foto nos mercados emergentes por conta dos baixos custos e maior participação. Depois, volto e redireciono para as pessoas dos países de alto custo. Isso me permite obter mais engajamento a um custo muito mais reduzido nos mercados competitivos, pois descobri que isso ajuda a reduzir o custo no leilão. Se uma peça de conteúdo gera um volume de engajamento significativo, o algoritmo do Facebook vê que o conteúdo é bom e permite que a gente faça ofertas mais barata nos Estados Unidos, Reino Unido e Canadá, independente do lugar de origem do engajamento original. (Isso pode mudar no futuro quando as pessoas que trabalham no Facebook lerem este livro, por isso aproveite enquanto ainda puder.)

PAÍSES BARATOS PORÉM VALIOSOS

Na plataforma de propaganda do Facebook, a Índia e Indonésia são os países mais baratos para visar esse engajamento segmentário significativo. Muitos países na África são também bastante baratos; no entanto, não dou muita atenção a eles porque normalmente não se mostram tão valiosos quando se trata de retorno para os clientes. Dito isso, existem grandes marcas que investem pesadamente na África por conta de sua escala gigantesca. Brasil e México são economicamente rentáveis e possuem alto engajamento.

Acho que a Índia é um país que apresenta uma oportunidade formidável. Mesmo tendo um PIB baixo, a população é muito grande, com mais de 1,3 bilhão de pessoas. É o segundo país de maior população mundial. Ao perceber essa mesma oportunidade de crescimento lá, a IKEA está investindo US$ 2 bilhões, dentro dos próximos 15 a 20 anos, para inaugurar 25 lojas novas ao redor da Índia. E a empresa de Rupert Murdoch acabou de pagar US$ 2,6 bilhões para cobrir a oferta do Facebook de US$ 600 milhões pelos direitos exclusivos das transmissões dos jogos de críquete na Índia. O Facebook anunciou também que a Índia tornou-se o país número um em termos de público, com 251 milhões de usuários.[17] Se o Facebook conseguir conquistar mais 1 bilhão de pessoas no país durante os próximos 5 ou 10 anos, isso hoje representaria 50% de sua base total de usuários. Como podemos ver, algumas pessoas muito espertas se focam na Índia, uma vez que apresenta grandes oportunidades de crescimento a um excelente índice de rentabilidade econômica. Mas se você quer que pessoas realmente compartilhem o seu conteúdo, recomendo testar no Brasil. Enquanto eu trabalhava com surfistas profissionais, aprendi que o Brasil tem uma enorme cultura de compartilhamento. Os brasileiros on-line tendem a compartilhar conteúdo como nenhuma outra comunidade. Tim Greenberg está de acordo. Quando o surfista profissional brasileiro Gabriel Medina ganhou o título mundial, a Liga Mundial de Surf gerou muitos seguidores e cresceu por conta dos fãs brasileiros de Medina.

A IMPORTÂNCIA DE GLOBALIZAR PARA A SHAZAM
Chris Barton, fundador e diretor-administrativo da Shazam, explica que, inicialmente ao se lançarem, os Estados Unidos não estavam prontos para "uma experiência tipo Shazam". A Europa mostrou-se mais avan-

---

[17] Simon Kemp, "India Overtakes the USA to Become Facebook's #1 Country", *The Next Web*, 13 de julho de 2017. Disponível (em inglês) em: <https://thenextweb.com/contributors/2017/07/13/india-overtakes-usa-become-Facebooks-top-country>. Acesso em 10 de fevereiro de 2020.

çada em tecnologia de celulares na época, e a companhia continua a ser consideravelmente mais popular na Europa, numa base per capita, do que nos Estados Unidos. Hoje, os usuários da Shazam vêm do mundo todo. A empresa é popular na América Latina, Canadá, Austrália, Brasil, México, Índia, Rússia e algumas partes da Ásia. Barton acha que se quiser atingir o máximo de usuários, com certeza precisará levar em conta os mercados emergentes.

Contudo, adverte que nem sempre é fácil entrar nos mercados emergentes. Ele percebeu que os competidores locais muitas vezes superam os estrangeiros nesses mercados, porque são mais eficientes em estabelecer o negócio. Portanto, se você deseja incluir os mercados emergentes no negócio, é preciso pesquisa e esperteza.

O PODER DOS MERCADOS INTERNACIONAIS PARA O CRESCIMENTO

Se você tiver um produto que pode se expandir e cobrir outros mercados, olhe para as oportunidades de crescimento global – preste atenção a elas, avalie, inclua-as no seu mapa de viagem. Eamonn Carey, investidor-anjo e pioneiro, investiu em mais de trinta e uma empresas no mundo todo. Trabalhou com organizações do tamanho da AB InBev e Nike; promoveu a ascensão de negócios no Reino Unido, Oriente Médio e Ásia; cofundou e vendeu uma versão paródica de *FarmVille* chamada *FarmVillain* na Europa e no Oriente Médio; e atualmente é o diretor executivo do ramo de Londres da Techstars, uma rede mundial que ajuda empreendedores a ter sucesso. Ele adora trabalhar com companhias em fase iniciais que tenham grandes planos e ambições, na esperança de ajudá-las a chegar a algum lugar interessante. Com toda sua experiência, ele é grande defensor de levar empresas a investir nos mercados emergentes.

Ele explica que como investidor é tremendamente mais fácil, e as vezes tremendamente mais barato, investir em empresas nos mercados emergentes. As companhias em que investiu fora de Nova York, por exemplo, precisam no mínimo de US$ 1 milhão, geralmente algo em torno de US$ 3 milhões, para que funcionem por cerca de dezoito meses. Recentemente, contudo, ele esteve em Bangalore, na Índia, onde se reuniu com uma equipe de seis pessoas brilhantes que trabalham com inteligência artificial e precisavam de apenas US$ 150,000 dólares para se manterem em funcionamento durante esse mesmo período de tempo. De uma perspectiva de valor de investimento, normalmente é possível fechar negócios por um preço muito mais baixo nesses mercados.

Ele também salientou que os tempos mudaram. Há 10 anos esse não era o caso, mas as empresas em que ele investe hoje em dia, quer estejam localizadas nos Estados Unidos ou na Índia, têm um nível de qualidade parecido. Ele atribui isso ao melhor acesso à educação. Quase todo mundo pode usar o Harvard CS 101, procurar a Universidade iTunes, Corsair, ou U-2-Me. O maior a acesso à educação aumentou a qualidade da atividade empresarial ao redor do mundo.

A segunda coisa importante que Carey nota é a escala dos mercados emergentes. Uma empresa de mídia que ele desenvolveu criou guias de viagem em árabe para as cidades do Oriente Médio. O árabe é a quinta língua mais falada no mundo.[18] Porém, menos de 0,5% do conteúdo da internet é em árabe. Esta discrepância aponta para uma grande oportunidade. Centenas de milhões de falantes da língua árabe ao redor do Oriente Médio e no Norte da África não veem conteúdo suficiente em sua própria língua.

Esse nível de oportunidade não é restrito a essas regiões. A Indonésia tem mais de 250 milhões de pessoas, Índia 1,3 bilhão e o Japão 127 milhões. Tailândia e Malásia têm, cada uma, 10 milhões. Vietnã tem cerca de 100 milhões. Muitos mercados emergentes são enormes. Se uma empresa puder pegar as melhores práticas de negócios norte-americanas e europeias e combiná-las com o conhecimento local, cria-se uma enorme abertura para o sucesso.

Como mencionado antes, o custo por aquisição pode ser caro nos Estados Unidos e no Reino Unido, enquanto na Arábia Saudita, Índia,

---

18 Vivek Kumar Singh, "Most Spoken Languages in the World", *ListsWorld*, 10 de novembro de 2012. Disponível (em inglês) em: <http://www.listsworld.com/top-10-languages-most-spoken-worldwide>. Acesso em: 10 de fevereiro de 2020.

Ucrânia, Rússia ou América Latina, o custo por aquisição de um seguidor é frequentemente menor que um centavo de dólar. O mesmo se aplica ao custo de outros indicadores chaves de desempenho (ex.: custo por lead, custo por compartilhamento, custo por clique e custo por conversão). Muitas pessoas ressaltam que não se terá tanto lucro com os usuários nessas partes do mundo quanto haveria em países ricos. Carey concorda que, embora isto possa ser verdade, é necessário considerar o seu ROI (Retorno de Investimento). Se você estiver conquistando usuários por uma fração desse custo, gerar um faturamento menor pode não ter importância – bastar a certeza que as proporções estejam funcionando a seu favor. Carey dá o exemplo de uma empresa onde trabalhou, chamada Wala.

Era um banco novo que queria abrir uma sede em Gana. A companhia criou uma numerosa comunidade no Facebook, praticamente sem dinheiro nenhum. Gastou apenas alguns poucos milhares de dólares em propaganda, e pelo custo por aquisição ser tão baixo, atingiu meio milhão de pessoas muito rápido. Quando a equipe do Wala dirigiu-se para conversar com investidores e parceiros, podia mostrar sua expressiva comunidade no Facebook. Ela postava conteúdo relevante sobre finanças e inclusão financeira, áreas de interesse para essa comunidade. Tudo que o Wala precisava era converter um pequeno percentual de seus seguidores em contas bancária reais, para se tornar um dos dez maiores bancos do país, da noite para o dia.

Histórias como essa nos fazem perceber que é possível realizar coisas nos mercados emergentes que custariam milhões de dólares nos Estados Unidos. Ao olhar sob esse ângulo, os mercados emergentes repentinamente tornam-se muito mais viáveis.

INVESTIR NO EXTERIOR DÁ DESTAQUE

Carey informa que se você estiver lançando uma companhia norte-americana, inglesa, canadense ou alemã na Indonésia, Tailândia ou Vietnã, isso será tão inusitado que você conseguirá ter reuniões mais valiosas com homens de negócios experientes, e maior oportunidades de fechar negócios. Uma vez, Carey investiu em uma empresa chamada Paranoid Fan, voltada para o mapeamento de esportes e entretenimento, que indica onde fica a fila mais curta para o banheiro, onde acontecem churrascos improvisados e outras coisas interessantes relativas ao esporte e eventos de entretenimento. A empresa trabalha com NFL, NBA, e grandes ligas de times de futebol nos Estados Unidos. Eles então despertaram interesse da parte do México e do Brasil; assim a companhia viajou rumo ao sul e fez um pequeno show itinerante pelas estradas do México, Brasil, Uruguai, Argentina e Chile, fazendo sua divulgação para outros empreendimentos e mapeando soluções para uma variedade de clubes. Voltaram da viagem com acordos com todos os principais times de futebol mexicanos, brasileiros, uruguaios, argentinos e chilenos, e também com um bocado de parcerias com órgãos governamentais. Angariaram cerca de 30 milhões de usuários sem gastar um tostão com marketing. Ao encontrar executivos nessas viagens, a Paranoid Fan recebeu elogios por ter ido lá pessoalmente. As pessoas desses países explicaram que outras companhias norte-americanas haviam entrado em contato antes, mas apenas por e-mail e pedindo uma conversa por Skype. Ir até lá e encontrar as pessoas fisicamente deu à Paranoid Fan a oportunidade de assinar acordos com rapidez.

Posteriormente, a Paranoid Fan foi à Reunião de Cúpula do Futebol Mundial em Madri, Espanha, e fechou acordou com a maioria dos principais times do futebol europeu. Ela não seria tão atraente se tivesse apenas 2 milhões de usuários. Mas o fato de possuir 30 milhões de usuário conferiu credibilidade, sendo que a localização dos mesmos não importava.

RETENÇÃO E ATENÇÃO

Visar pessoas da Indonésia, Índia ou Brasil produzirá um engajamento geralmente dez vezes maior que nos Estados Unidos ou Reino Unido. A guerra será contra menos fontes de conteúdo competitivas e os poucos anunciantes locais. Carey complementa que, nos mercados do Brasil, Arábia Saudita e Oriente Médio, as pessoas comumente passam quatro vezes mais tempo diariamente nos seus telefones quando comparado aos mercados norte-americano e britânico. As pessoas nos Estados Unidos ou no Reino Unido podem passar quinze minutos por dia no Facebook, enquanto a média por pessoa no Brasil ou Arábia Saudita pode ser de muitas horas. O apetite por conteúdo inédito e interessante, e a propensão a curtir e compartilhar é muito maior que nos mercados ocidentais. Essa barreira menor para a entrada nesses mercados emergentes facilita a catalisação para viralizar o conteúdo.

A POPULARIDADE AJUDA A ALCANÇAR MERCADOS MAIORES

Ao falar com os fundadores do Skype, Carey descobriu que um dos primeiros mercados internacionais de seu lançamento foi Taiwan. Embora Taiwan seja uma ilha pequena, possui um mercado de 20 milhões de pessoas, com fortes ligações ao mercado de bilhões de pessoas da China. Os habitantes de lá começaram a ter notícias de suas famílias gratuitamente por meio dessa nova forma de chamada de voz e vídeo. Isso fez com que o Skype viralizasse imediatamente.

Se você conseguir criar público em um mercado emergente, é muito fácil começar a fazê-lo em outros mercados. É similar ao exemplo do WhatsApp de adquirir usuários em mercados mais baratos, criar uma reputação incrível junto a ele, e então usar essa popularidade para alcançar mercados maiores.

Por exemplo, imagine que você queira ser patrocinado pela Coca-Cola ou deseje um cliente dos Estados Unidos ou Reino Unido. Fazer uma abordagem direta é, em geral, impossível. Mas se criar um público enorme na Indonésia, Índia ou Brasil, é muito mais fácil celebrar acordos com o executivo-chefe da Coca-Cola nesses países, o que pode então levar a apresentações aos executivos nos Estados Unidos ou Reino Unido. E, se estiver se saindo bem em um mercado estrangeiro, é prova que sua marca ou empresa pode chegar a ter sucesso. Se você for estratégico e perceber como maximizar e aproveitar o potencial de criar público em determinada parte do mundo, isso pode ajudar imensamente o seu negócio.

Muitas start-ups acreditam que ter sucesso é levantar US$ 50 milhões de um fundo de investimentos no Vale do Silício, ter um monte de engenheiros em um escritório em São Francisco, e pouco a pouco conquistar o mercado norte-americano. Na realidade, você pode ser igualmente bem-sucedido nos mercados emergentes, com muito menos dinheiro e resultados ao longo prazo compensadores.

Carey diz que se você deseja resolver um problema, pense no melhor resultado possível e então trabalhe de trás para frente a partir desse ponto. Pergunte a você mesmo quais os passos necessários para chegar aonde você quer chegar. Quais são todas as ações possíveis que levam ao ponto a que você quer chegar? Comece por mapear como chegará a cada uma delas. Eventualmente, um caminho muito simples e direto se formará. E usar a abordagem de adquirir usuários, clientes e consumidores nos mercados emergentes pode ser uma ferramenta incrivelmente poderosa para fazê-lo chegar onde você quer.

MARCAS PESSOAIS

Carey acha que as oportunidade ainda são maiores para as marcas pessoais. Por exemplo, existem pouquíssimos eventos de música ao vivo e poucos artistas que se apresentam nos mercados emergentes. Se você é músico, existe uma possibilidade considerável de se apresentar diante de uma multidão de quinhentas ou mil pessoas apenas pela disposição de fazer o show. Além disso, a propensão dos mercados estrangeiros a compartilhar e comentar será de grande valia. E também, se as pessoas ouvirem sua música no Spotify na Tailândia, Vietnã, Malásia ou Singapura, as chances de aparecer ao redor do mundo nas "Descobertas da semana" provavelmente vão aumentar. Você criará sua reputação e métricas internas nesses canais. (Isso pode ser aplicado a muitas outras esferas também. Use a cabeça e faça acontecer.)

Carey comenta que certa vez postou uma selfie com representantes de uma companhia iraniana, em uma conferência em Istambul. Dentro de vinte e quatro horas ele havia sido retuitado centenas de vezes e ganho milhares de curtidas. Surgiu um monte de pedidos de amizade no Facebook, mensagens no LinkedIn e convites para falar em conferências no Irã. O triunvirato de mais tempo, mais atenção e mais compartilhamentos, significa que é possível aparecer mais facilmente. É território virgem em que se pode ter feedback e construir uma comunidade, e depois voltar para casa com uma enorme base de fãs engajados. Isso facilitará enormemente conseguir fechar negócio para um livro, gravação, ou papel em um filme. Não importa qual o seu trabalho, você vai se sentir como um rockstar.

Hoje em dia muitos atores são recusados por diretores de elenco porque não tem seguidores suficientes nas mídias digitais. Carey recomenda ir para a Indonésia ou outro mercado emergente, fazer dois ou três filmes, e ser superativo nas mídias sociais ao se relacionar com fãs daquela região. Crie público no exterior e então volte, fale com os agentes de elenco em Hollywood ou Londres, e mostre que você tem 1 milhão de seguidores. Na maioria dos casos, as pessoas não sabem realmente, ou sequer perguntam, de onde são seus seguidores, porque só pelo fato de você ter esses fãs já o faz se destacar do resto da multidão. E seu valor também aumenta por você ter acesso a um público que pouquíssimos outros têm.

O produtor de filmes de Hollywood, executivo de mídia e investidor, Jon Jashni, acrescenta que quando os produtores investem no crescimento, levam em conta a atração que você exerce no mundo inteiro; quanto menor for o seu público, menor o retorno.

Muitos cineastas têm medo de falar em língua comum, porque isso diluirá outras linguagens. Ou temem criar para as massas porque irá tirar a sua identidade cultural, mas esse não é realmente o caso. "O objetivo é realçar as facetas das joias, de maneira que o mercado ou território compreenda que a história contada foi feita para ele", diz Jashni. Se você fizer um bom trabalho enquanto artista, a universalidade do tema, personagens, identificação e emoção transcenderão as fronteiras.

UM BOM CONTEÚDO VIAJA BEM

Phil Ranta, ex-diretor de operações do Studio71, uma das maiores empresas de entretenimento digital voltada a influenciadores, revela que o YouTube vem se revelando em regiões onde antes não tinha popularidade. As plataformas digitais são realmente globais; as pessoas vêm descobrindo crescentemente cada vez mais conteúdos de diversas culturas. O fato de o conteúdo ser acessível em qualquer lugar no mundo significa que criá-lo com um público global em mente resulta em sucesso.

Ele sugere tentar criar conteúdo que não necessite de nenhuma língua específica para ser compreensível. Procure fazer uma piada com a premissa de ser compreensível mesmo se a plateia não conhecer necessariamente a língua original. Outra opção é incluir traduções. O YouTube tem ferramentas próprias que ajudam a criar legendas originais e, se forem em inglês, faz um bom trabalho de traduzi-las para outras línguas.

Ranta acha que as pessoas que hoje não pensam em termos globais terão problemas nos próximos 5 a 10 anos. Existem muitos lugares onde a infraestrutura da internet está apenas começando; nessas localidades, as pessoas estão adquirindo telefones celulares agora, e podem fazer *streaming* de um conteúdo que antes não podiam acessar. Todos esses mercados começarão a crescer e se desenvolver. É todo um novo reino.

Jonathan Skogmo, executivo-chefe da Jukin Media, concorda. Sua empresa tem um enorme público de todo tipo, e global. 75% de suas 3 bilhões de visualizações mensais são de fora dos Estados Unidos. Ele diz: "um bom conteúdo viaja bem. Um ai é um ai em qualquer língua". Jukin Media licencia e distribui muitos vídeos cômicos virais de trapalhadas, já que um cara caindo é um cara caindo em qualquer lugar. Sua equipe observa o cenário global do conteúdo, porque nota um verdadeiro crescimento e valor quando foca diversas partes do mundo, a que outros simplesmente não dão atenção.

DICAS RÁPIDAS E RECAPITULAÇÃO

→ Adquirir um seguidor ou curtida na Índia, Indonésia, Brasil ou México é muito mais barato do que nos Estados Unidos, porque não existe muita gente disputando esses países, o que cria um inventário excessivo no leilão.

→ Seguidores nos mercados emergentes podem custar menos de um centavo de dólar, contra oito ou nove centavos de dólar nos Estados Unidos.

→ Nos mercados emergentes, geralmente existe menos competição e os usuários passam mais tempo em celulares.

→ A Índia é um país importante; é o lugar onde algumas das pessoas mais inteligentes do planeta estão investindo, por isso mantenha-a na tela do seu radar.

→ O Brasil ama compartilhar, mais que a maioria dos países. Teste seu conteúdo com esse público para fazê-lo viralizar.

→ Uma estratégia inteligente é criar interação lançando uma peça de conteúdo em um mercado emergente, em primeiro lugar por causa dos baixos custos. Então, depois de acumular uma interação considerável, compartilhe essa postagem, junto com os seus demonstrativos, para os alvos principais nos mercados domésticos. Você terá mais engajamento a um custo menor.

→ Se você for uma start-up, crie público em massa nos mercados emergentes, para tornar-se depois um alvo atraente com possibilidade de ser adquirido por uma companhia nos EUA ou Reino Unido, que busca aumentar seu público. O mesmo se aplica caso você seja um indivíduo ou uma start-up tentando fazer parcerias com marcas globais.

→ Pessoas de outros mercados apreciam visitas. Isso pode ajudá-lo a crescer.

→ Um bom conteúdo viaja bem. Crie conteúdos que não fiquem restritos a uma única língua. Crie com uma perspectiva global.

CONQUISTANDO INFLUÊNCIA NO INSTAGRAM

Com mais de 700 milhões de usuários mensalmente ativos, o Instagram é uma plataforma que não pode ser ignorada.[19] Trata-se de uma ferramenta essencial de marketing e narrativa de histórias que proporciona aos usuários uma experiência rápida, acessível, emocional e altamente visual das marcas e mensagens. Esta é uma das razões do Instagram ter a média mais alta de envolvimento com marca de todos os principais canais da mídia social.[20]

Ainda assim, não é a plataforma que provoca crescimento mais fácil. Uma das maiores diferenças entre o Instagram e o Facebook é que o primeiro não foi criado, no fundo, como plataforma de compartilhamento, e por isso é necessário descobrir outras maneiras de viralizar o conteúdo. Enquanto o Facebook foi projetado para promover compartilhamento, o Instagram foi projetado para promover a curtição, o comentário e o tag. O sucesso nesta plataforma depende muito da habilidade no aproveitamento das parcerias estratégicas para promover o crescimento. A quantidade de informações que você recebeu no Capítulo 6, "Alianças estratégicas", é de grande utilidade para obter sucesso na plataforma.

Para se conseguir verdadeiro crescimento, viralização e sucesso no Instagram, é preciso ter como objetivo convencer gente famosa, de status, a comentar o seu conteúdo. No Instagram o status é definido por dois índices: (1) o número de seguidores e (2) o tempo de existência da conta. Quem tem mais tempo na plataforma é mais forte. O algoritmo é criado assim para evitar que as pessoas enganem o sistema. Houve época em que alguns usuários costumavam criar rapidamente contas irmanadas (*sister accounts*) para incrementar as suas outras contas no Instagram (isso não funciona mais, melhor nem tentar).

---

19 "Nombre d'utilisateurs actifs mensuels d'Instagram dans le monde de janvier 2013 à juin 2018", *Statista*. Disponível (em francês) em: <https://fr.statista.com/statistiques/564191/nombre-d-utilisateurs-actifs-mensuels-d-instagram/>. Acesso em: 10 de fevereiro de 2020.

20 Khalid Saleh, "Social Media Engagement – Statistics and Trends", *Invesp* (blog). Disponível (em inglês) em: <https://invespcro.com/blog/social-media-engagement>. Acesso em: 10 de fevereiro de 2020.

CRESCIMENTO RÁPIDO NO IG

Obter espaço na página Explore, a página geral de busca do Instagram, é a melhor maneira de viralizar o conteúdo e fazer que você seja descoberto. Para se merecer uma cobertura nesta página, no meio de grande quantidade de contas pessoais, é preciso muitas "curtidas poderosas" – curtidas e comentários de usuários com um perfil de destaque e centenas de milhares ou até mesmo milhões de seguidores. Cada página Explore é ajustada segundo os interesses particulares de cada usuário, mas se um super influenciador curtir o seu conteúdo, este se tornará mais visível para bastante mais gente.

Adley Stump, estrategista digital, explica que o motivo é que as curtidas crescem exponencialmente. Se uma conta legítima, com centenas de milhares de seguidores do seu nicho, "curte" o seu comentário, os algoritmos do Instagram vão levar a sua postagem à maioria dos feeds do Explore pertencentes a essas centenas de milhares de seguidores. E isso só com uma curtida influente – imagine receber centenas ou milhares de curtidas assim. Embora a curtida influente não tenha de ser necessariamente de um nicho específico, ela realmente aumenta a taxa de conversão com vistas ao crescimento, porque você aparecerá nos feeds de gente já interessada por essa espécie de conteúdo. Obter curtidas influentes de alguém no nicho dos carros, tem menos valor se você estiver no nicho dos animais de estimação.

Usar grupos de participação (ver Capítulo 6) é uma das maneiras de obter curtidas influentes e atingir uma porção de páginas Explore. Usá-las como parte da sua estratégia no Instagram realmente ajuda a viralizar o seu conteúdo. A recomendação de Joivan Wade é que você tenha pelo menos cinco pessoas – o ideal é que elas tenham mais seguidores que você, ou público mais ou menos igual ao seu – com as quais sempre possa trocar curtidas e comentários.

Obtive grande sucesso com o método de descobrir páginas importantes, ou redes de páginas importantes, que permitem anúncios nas suas contas. A melhor maneira de fazer isso é descobrir essas páginas no seu nicho e mandar-lhes mensagens diretas no Instagram, perguntando pelas suas tarifas de anúncios. A maioria vai responder informando quanto custa dar um alô (*shout out*) ou uma mensagem de apoio à sua página, na página ou rede dela. Eu sempre respondo pedindo um pacote com garantia de seguidores (ou seja, eu anuncio no valor de X dólares e você me garante X seguidores de volta). A maioria das contas responderá que não oferece esse tipo de negócio, de modo que você terá que descobrir as contas que dão essa garantia e estão dispostas a oferecer este tipo de apoio; senão, um alô comum só lhe trará poucas centenas de seguidores, no máximo. Descubra as contas ou redes que são criativas e realmente eficazes em dirigir tráfego que resulta em seguidores.

Além disso, você precisa testar muitas redes dessas para eliminar as que lhe venderão seguidores falsos/robôs. A única maneira de testar essas redes é dividindo os testes por diferentes dias (ou seja, teste uma rede em um dia, outra rede em outro dia). Primeiro eu recomendo só gastar algumas centenas de dólares com cada rede e ver quem lhe dá seguidores (reais) de alta qualidade e engajados, antes de ampliar o negócio. Depois de você achar a rede adequada, então pode ampliar o escopo.

SUA REDE É TUDO

Julius Dein utilizou a tática de repetir postagens para provocar o crescimento da sua página. Conseguiu que páginas do mesmo nicho postassem o seu conteúdo nas suas contas, dando crédito a ele. Toda vez que uma dessas contas postava um de seus vídeos, ele conquistava mais 20, 30 ou 40 mil novos seguidores. Utilizando essa estratégia, conquistou até 100 mil seguidores por semana. Ele diz que o segredo do sucesso na plataforma é ter bom conteúdo e boa distribuição. A rede que você tem é tudo.

Não se esqueçam, contudo, que o rápido crescimento de Dein é um pouco fora do comum. O crescimento maciço no Instagram geralmente não acontece com a mesma rapidez que no Facebook. Normalmente as pessoas conseguem 25 mil a 50 mil seguidores por mês, no máximo. Isso está muito longe de 1 milhão de seguidores em trinta dias, no Facebook. Para que haja crescimento, é preciso paciência e regularidade no decorrer do tempo. É claro que se Kim Kardashian der uma curtida ou fizer um comentário sobre o seu conteúdo, é possível obter um enorme crescimento mais rápido. Mas o seu conteúdo precisa ser realmente bom e você precisa vencer o desafio de fazer que ela o veja.

Para aumentar sua própria habilidade de se tornar influente na plataforma, não esqueça que o segredo é a regularidade. Joivan Wade explica que o algoritmo do Instagram nos enquadra em qualquer uma dessas três categorias: (A) quem posta ao menos duas vezes por dia, interagindo constantemente com os comentários e curtidas do seu público, e interagindo com postagens de outras pessoas (esta conduta vai criar uma conta especial – com toda probabilidade de chegar à página Explore e influenciar outras páginas a também chegarem lá); (B) quem posta dia sim dia não, algumas vezes por semana, e só interage às vezes com os comentários e curtida dos usuários; ou (C) quem posta uma vez na vida, sem nunca interagir com os comentários de outros usuários, nem fazer contato com os criadores. Em qual delas você se encaixa atualmente? Mostre uma conduta tipo A para vir a ser superstar no Instagram.

ESCOLHENDO INFLUENCIADORES

Já que os influenciadores e contas grandes desempenham um papel importante para promover crescimento no Instagram, é preciso ser estratégico ao escolher com quem você colabora. Nem todos os influenciadores serão úteis para a sua marca ou mensagem. Só por serem muito populares e terem um grande séquito, não quer dizer que irão aumentar a sua visibilidade.

Teste os influenciadores exatamente como faria com o conteúdo. David Oh, da FabFitFun, diz que a sua equipe testou mais de 5 mil influenciadores até encontrar aqueles que funcionavam melhor com a marca deles. Ele afirma que é preciso ser insistente – não é possível testar apenas um e esperar resultados. Muitas vezes os influenciadores que a equipe de David achara melhores no início, não corresponderam a melhores resultados.

Depois de muitas escolhas, à base de acertos e de erros, David Oh descobriu que um dos melhores influenciadores para a FiFabFun era Tori Spelling. Ela é uma ótima criadora de conteúdo convincente. Depois de ver os belos desempenhos de seus vídeos, a FabFitFun os pegou, analisou o que dava certo, e fez um tutorial para ensinar como criar vídeos semelhantes. A empresa encaminhou o tutorial para os outros influenciadores, e agora todos criam de um jeito parecido. Oh acha que o apoio que ele deu às marcas dos influenciadores ajudou a expandir o alcance de sua companhia.

Ele recorda que, de início, o modo de chegar aos influenciadores foi engraçado – sua equipe experimentou todo tipo de estratégias malucas. Uma vez, alguém da equipe transmitiu um pedido ao dentista do irmão do influenciador que eles visavam. Acreditem ou não, teve êxito e a FabFitFun ainda trabalha até hoje com este influenciador. Façam o que for preciso para chegar à essa gente (mas tentem não ser assustadores demais).

A equipe de Oh não tinha muita verba no começo, por isso visava influenciadores menores e, de início, trocava produtos da FabFitFun por postagens. Depois que começou a trabalhar com gente conhecida em toda a rede de influenciadores, ela conseguiu entrar numa bolha desses profissionais – outros influenciadores importantes começaram a conhecê-la. Se você consegue alardear constantemente o seu produto ou marca, os próprios influenciadores começam a procurá-lo. Por exemplo, se algumas pessoas de *Dancing with the Stars, A despedida,* ou *The Real Housewives of Beverly Hills* se interessarem por sua marca, produto ou ideias, é provável que outros astros do reality show passem a reparar em você também. E se você tem algo de valor a oferecer, as celebridades vão querer também.

Se você não tem um produto, pense no que pode oferecer ao influenciador. Às vezes um influenciador trabalhará com você por causa do seu conteúdo atraente. Outras vezes porque você tem algo a lhe oferecer, como tirar fotos dele ou incluí-lo em alguma colaboração de conteúdo atraente. Pense em algo que o influenciador talvez precise, e como as sua habilidade é capaz de combinar com a dele.

INFLUENCIANDO O INFLUENCIADOR

Ken Cheng, fundador e diretor da Jengo, companhia de marketing e estratégia digital, tem um conselho a dar para conquistar a atenção das celebridades para qualquer marca. Seu foco não é criar um enorme séquito no Instagram. Em vez disso, sua equipe visa alcançar pessoas que já tenham esse público todo, e deixar com elas o trabalho de espalhar a mensagem para os clientes dele. Explica que não se trata de se aproximar diretamente dos grandes influenciadores ou celebridades. A chance de sucesso será muito maior se você buscar exercer influência sobre os influenciadores que influenciam o seu influenciador-alvo. (Pode parecer confuso agora, mas esperem só...) Existe um determinado efeito de rede em que influenciadores menores influenciam os maiores – o conteúdo se move contra a corrente e é visto por mais pessoas influentes. Para fazer que isso aconteça, é preciso primeiro seguir as contas dos superinfluenciadores que você visa atingir como alvo. Em seguida dê uma estudada e descubra quais os pequenos influenciadores de mais fácil acesso que eles seguem. Observe os tipos de postagem que os grandes influenciadores curtem nas contas dos influenciadores menores. Depois de saber se as postagens dos pequenos influenciadores são relevantes aos temas da sua marca, e se o influenciador maior presta atenção a esses tipos de postagens, você pode procurar o influenciador menor para que ele poste algo sobre a sua marca ou mensagem.

Adley Stump diz que você pode estudar as postagens do influenciador e ver quem as comenta, para descobrir quem faz parte dos seus círculos de interessados, e assim descobrir influenciadores mais fortes no seu nicho específico. Abordar primeiro os influenciadores menores é uma estratégia muito mais eficaz que ir diretamente aos grandes influenciadores. Você talvez acabe chegando a eles, mas é mais inteligente avançar gradativamente, desde os influenciadores menores até os maiores.

Visar contas menores que merecem a atenção de menos gente (ainda que gente de valor) funcionou bem para Cheng em várias ocasiões. Uma vez, ele trabalhou para um restaurante vietnamita em Nova York que desejava obter bastante atenção das celebridades. No começo o restaurante tentou entrar em contato com agentes e publicitários, mas não deu resultado; acabou desperdiçando dinheiro durante uns dois meses. Depois dessa experiência, começou a visar o êxito com influenciadores que tinham 10 mil seguidores aproximadamente, em seguida 20 mil, e assim por diante, até conseguir influenciadores na casa dos 100 mil e tanto. Foi nessa época que algumas celebridades começaram a frequentar o restaurante por conta própria. Até Sarah Jessica Parker acabou indo e tuitando sobre o restaurante, sem ser solicitada nem paga.

Este processo aconteceu organicamente, com o passar do tempo, influenciando os amigos e conhecidos da grande celebridade. Sarah Jessica Parker foi porque viu outros influenciadores menores e amigos, que ela seguia no Instagram, postando elogios a um novo e ótimo restaurante em Nova York, e que deste modo a animaram a ir lá para experimentar pessoalmente a comida.

MARCAR E USAR CONFIGURAÇÕES DE PRIVACIDADE PARA CONQUISTAR SEGUIDORES

Anthony Arron, humorista e fundador da conta @imjustbait no Instagram, que tem cerca de 100 milhões de impressões por semana e 50 milhões de visualizações por mês, acha que para o conteúdo viralizar, é preciso usar um círculo de influenciadores. Se você fizer parte de uma rede de páginas importantes que publiquem o seu conteúdo, receberá mais atenção. É o que faz a maioria de seus conhecidos com contas importantes, para obter visualizações e viralizar.

Além disso, Arron descobriu que jogar com as configurações de privacidade da sua conta é a melhor maneira de conquistar mais seguidores. Ele posta entre dez e quinze vídeos por dia na sua página, distribuindo as postagens durante o dia para pegar diferentes fusos horários. Quando posta um vídeo, deixa a sua página na configuração conta pública, para que uma porção de gente nova possa vê-lo. No entanto, percebeu que embora vejam e curtam os vídeos, elas não se tornam necessariamente seguidoras. Para combater este problema, depois de postar os vídeos, ele põe sua conta aleatoriamente no modo privado, atraindo as pessoas a segui-lo para acessar o conteúdo protegido.

Às vezes ele obtém uma visualização de vídeo de mais de 80 mil pessoas, que também marcam seus amigos para que o assistam. Quando os amigos das pessoas vão assistir ao vídeo e veem que a conta está na categoria privada, geralmente seguem a página, porque querem ver o vídeo no qual seus amigos os marcaram. O segredo é que se o conteúdo for bastante bom, as pessoas irão segui-lo para ter a oportunidade de vê-lo. Isto o obriga a continuar criando bom conteúdo, para que essas pessoas não deixem de segui-lo mais tarde. Esta estratégia fez Arron conquistar de 2 a 5 mil seguidores por dia.

Ele também coloca uma marca d'água em todos seus vídeos, que diz, "sigam@imjustbait". Deste modo, tanto faz se as pessoas repitam a postagem, salvem ou simplesmente vejam seus vídeos, porque é provável que fiquem conhecendo a sua conta e o sigam.

Erick Brownstein, da Shareability, concorda que conseguir que as pessoas marquem os amigos nas suas postagens é uma grande estratégia. Já que a plataforma do Instagram não é compartilhável como a do Facebook, sua equipe acha que marcar é a melhor maneira de disseminar conteúdo. Marcar é como um convite pessoal a alguém para que veja alguma coisa. É a maneira como as pessoas mostram aos seus amigos o conteúdo que elas acham relevante para o gosto deles.

BOM CONTEÚDO PARA TER CRESCIMENTO DURADOURO

Ray Chan, executivo-chefe e cofundador de 9GAG, aprendeu muita coisa sobre como obter crescimento maciço na plataforma. Ele sugere a utilização de outras plataformas – se você as tiver – para levar as pessoas para o Instagram. Em seguida, sugere que você compare a sua conta com as melhores contas no seu nicho, e tire ideias delas. Chan também explica que a sua equipe vive testando diferentes hashtags e formatos de postagens.

Por exemplo, a tendência atual na formatação de vídeos que as pessoas usam para marcar presença, é botar grandes legendas em cima e imagens em baixo. Porém essas tendências mudam, e você não deve depender tanto delas. É sempre necessário ouvir seu usuário através do monitoramento dos indicadores que você tem.

Chan recomenda que em vez de buscar espertalhões que se dizem especialistas em crescimento, você deveria focar na criação de bom conteúdo e de uma boa comunidade. Ele usa como metáfora a bolsa de valores. Muita gente procura enriquecer depressa, ou, neste caso, criar um montão de seguidores demasiadamente rápido, o que não representa uma boa estratégia ao longo prazo. A criação de uma plataforma sólida com passar do tempo é como adquirir um bom lote de ações e conservá-la durante algum tempo.

Muitas vezes as pessoas ficam procurando dicas rápidas para o crescimento de suas contas, como gente que procura comprar ações que vão se valorizar rápido. Porém os grandes investidores não têm essa visão ao curto prazo; procuram comprar ações que irão se valorizar regularmente, com o passar do tempo. E é isso o que a equipe de Chan tenta fazer. Ainda assim é preciso aprender os truques e compreender os formatos e tendências mais recentes, embora seja impossível saber se uma tendência trará benefícios ao longo prazo, a não ser que você a teste durante certo tempo.

Para que haja crescimento no Instagram é preciso se manter constantemente atualizado. O princípio fundamental é imaginar o que os seus usuários querem ver. Criar conteúdo que o seu usuário goste é o ingrediente secreto (e nem tão secreto assim).

A equipe de Chan tem dois comportamentos na hora de criar conteúdo. Por um lado, utiliza a empatia para descobrir por que determinados conteúdos funcionam para seus espectadores. Por outro lado, ela se desliga bastante do conteúdo para criar distância e espaço que lhe permitem fazer mudanças no conteúdo que não está dando certo. Chan nota que muita gente fica apegada demais a seu conteúdo, o que a impede de fazer testes e conhecer o que os espectadores querem, e reparar na reação das pessoas. Trata-se da diferença entre ser artista e ser artista comercial. Ele acha que Andy Warhol é um exemplo de alguém que foi ambas as coisas. Se você quiser ter sucesso comercial, é provável que precise estar disposto a modificar um pouco o que está criando, mantendo na cabeça os usuários.

Joivan Wade acrescenta que não é preciso adivinhar o que seus usuários gostam. Se você tiver um perfil empresarial, pode usar a sua página de estatísticas para ver quais foram as suas postagens mais vistas no ano anterior. Isso o ajuda a compreender o conteúdo que desperta simpatia ativa nos seus usuários, permitindo-lhe criar mais conteúdo desse tipo.

NÃO TENHA UMA AGENDA SECRETA

Chan acha que um dos motivos de certas pessoas terem dificuldade em dominar o Instagram e as mídias sociais em geral se deve ao fato de os abordarem com uma agenda secreta. O elemento em comum das contas mais importantes do Instagram é que o seu conteúdo é realmente atraente. Elas não exigem do usuário nada além do que ele está normalmente acostumado a fazer ao navegar no Instagram.

Umas das principais contas, por exemplo, é a da National Geographic. Ela faz sucesso porque é obviamente muito visual e também porque o seu conteúdo se identifica com o seu objetivo final. Nela não se pede a ninguém que compre ou assista alguma outra coisa. As pessoas vão às páginas para verem belas fotos e grandes vídeos. Como resultado, os espectadores podem querer comprar a revista e assistir aos espetáculos, mas a plataforma jamais insiste nisso.

Um grande conteúdo é o que faz as pessoas querer seguir uma página, e não obedecer ao desejo de seu criador de fazer alguém o seguir. É preciso fazer o que é melhor para os seguidores, e não o que é melhor para a sua agenda. Crie conteúdo da máxima qualidade e propicie a melhor experiência possível para as pessoas que você deseja atingir. Deste modo, estimulará conexões mais fortes e criará uma comunidade mais sólida.

No fundo, Chan acha que as pessoas querem ser surpreendidas e se sentir mais felizes depois de ver o conteúdo. Compreenda os fundamentos da narração de histórias; seja um grande narrador e descubra os verdadeiros princípios psicológicos por trás da arte da grande narrativa.

Em seguida certifique-se de aproveitar essas estratégias no conteúdo que você cria. Certifique-se que as pessoas compreendam o que você lhes diz e teste os formatos mais eficazes para o seu conteúdo.

CONSUMO INSTANTÂNEO

Apesar das regras de conteúdo que você aprendeu no Capítulo 5 se aplicarem a todas as plataformas, há algumas diferenças quanto ao formato de apresentá-lo no Instagram. Primeiro, diz Brownstein, uma das maneiras de pensar sobre o Instagram é ver o conteúdo que você criou sob a forma reduzida de cinquenta e nove segundos. Wade concorda e recomenda que se utilize o Instagram para levar as pessoas para outras plataformas em que se possa ver o conteúdo em formato mais longo.

Chan acrescenta que o tempo de cada exibição de conteúdo é muito curto no Instagram. A maioria das pessoas que navega pelo Instagram está à procura de um consumo realmente instantâneo. Elas não querem gastar tanto tempo com conteúdo quanto gastam em outras plataformas. Simplesmente dão uma olhada, notam se é bonito ou engraçado, curtem, e passam para a próxima foto ou vídeo. Isto requer um conteúdo mais atraente da sua parte. Ele precisa ser diferente e conquistar a atenção das pessoas.

OBSERVE OUTRAS CONTAS

Chan também explica que uma ótima maneira de começar com a criação de conteúdo no Instagram é achar contas ou marcas que tenham objetivos semelhantes e façam muito sucesso. Em seguida, descobrir formatos e estruturas semelhantes sem necessariamente as copiar. Tentar ser inovador, mesmo se estiver criando apenas ligeiras mudanças, porque, como frisa Chan, "copiar o conteúdo dos outros é como criar um corpo sem alma". Ele recomenda a mudança da posição das legendas das fotos; criar títulos com erros de digitação para as pessoas tentarem corrigi-los e fazer comentários; e fazer remixes de velhos tipos de formatos que se veem na plataforma. Descubra se você consegue criar um novo remix ou adaptar um velho.

USE CENAS DE BASTIDORES

Tim Greenberg, da Liga Mundial de Surf, diz que o Instagram tem sido excelente para os seus negócios. A Liga Mundial de Surf tende a exibir vídeos de surfistas mais novos já que nesta plataforma o seu público é mais jovem. E compartilha mais cenas engraçadas em tempo real nas *stories* do Instagram do que nas do Facebook. Às vezes o conteúdo é exibido em ambos, mas geralmente exibem mais cenas de bastidores no Instagram, mostrando os atletas em momentos de descontração.

Por exemplo, a página mostrou um vídeo do surfista Gabriel Medina chutando uma bola de futebol, o que criou um interesse maciço de mais de 300 mil visualizações. A Liga Mundial de Surf optou especificamente por não colocar esse vídeo no Facebook ou qualquer outra plataforma, porque ele parecia ser matéria para o Instagram – mais *momentânea* e visceral.

Medina é um dos surfistas com maior séquito no Instagram e é ótimo narrador de histórias. Greenberg também cita a surfista profissional havaiana Coco Ho, como alguém que faz um incrível trabalho de criação de sua marca on-line. E deste modo, conseguiu um montão de dólares de patrocínio. Ambos se destacam como produtores regulares de ótimo conteúdo no Instagram.

Greenberg diz a todos os seus atletas que o vídeo deles encerando suas pranchas pode lhes parecer monótono, mas é interessante para alguém em Kansas, porque retrata o sonho e o estilo de vida que outras pessoas talvez nunca tenham. Ou, se um surfista está em Tavarua, em Fiji, curtindo um jogo de pingue-pongue com seus camaradas, isso pode lhes parecer normal, mas para os seus seguidores é interessante. Seus atletas levaram muito tempo para entender, mas agora começaram a se tornar bons avaliadores de conteúdo que merece ser compartilhado.

Uma boa parte do conteúdo produzido pela Liga Mundial de Surf é fruto dos usuários. Apesar de criar conteúdo próprio e patrocinar eventos, ela se apoia em uma rede de *videomakers* e fotógrafos do mundo todo para lhe fornecer material. A Liga desperta muito engajamento por conta própria, por causa de sua rede de colaboradores. É realmente importante lembrar que você não precisa criar tudo por si só. Pode usar o apoio de gente da sua turma para ajudá-lo.

COMO UTILIZAR O INSTAGRAM EM RELAÇÃO A UM MERCADO LOCAL

Ken Cheng, da Jengo, explica que o Instagram é uma ótima ferramenta para negócios locais. Uma das razões é que, diferentemente de algumas das outras plataformas que dependem do conteúdo ampliado (que não tem nada a ver com a vida das pessoas fora do mundo digital), o uso do Instagram nasce de experiências originadas off-line. Os usuários do Instagram querem participar dos acontecimentos para ter oportunidade de tirar e compartilhar fotos na plataforma. Assim, o lançamento de um produto pode se tornar uma experiência a ser documentada – pode levar as pessoas a um restaurante ou a uma loja de roupas, para viverem a experiência de compartilhar um evento criado por um negócio local.

Depois que a equipe de Cheng percebeu como a plataforma funcionava, o desafio passou a ser de dirigir o tráfego para as contas de seus clientes. No começo, ele tinha um orçamento limitado, que era um problema para criar tráfego a curto prazo. O resultado é que a equipe resolveu aproveitar o tráfego de outros influenciadores. O desafio seguinte foi descobrir quais eram os influenciadores que deveria visar. Ela estava promovendo um restaurante e, apesar de poder usar o típico hashtag para descobrir gente na categoria culinária e restaurantes, não é fácil buscar influenciadores por categoria específica. No entanto, hoje existem websites como FameBit, Social Native e Grapevine que podem ser usados para auxiliar essa finalidade.

Por exemplo, ela queria descobrir influenciadores cujo raio de influência incluísse macarrão asiático em Nova York. Mas é difícil descobrir se o influenciador é do local. É possível ver as suas fotos e descobrir suas *geotags*, mas se a gente não possui uma lista de influenciadores para começar, o Instagram não serve muito para alcançar este objetivo.

Para descobrir se os seguidores de seu influenciador são locais, você pode procurar manualmente entre seus seguidores ou procurar um programa que possa ajudá-lo. Ao escolher um bom influenciador para uma marca local, certifique-se que essa pessoa more na sua área e postará sobre o seu tópico específico; 40% a 60% das postagens regulares do influenciador e 15% a 35% das postagens virais devem ser dirigidas a seu público desse território visado, e recebidas por ele. Se o influenciador mora na sua região, mas a maioria dos seus seguidores não mora, não servirá para o seu objetivo.

O próximo passo depende da quantia que se pode gastar, mas Cheng confessa que raramente paga os influenciadores. Para arranjar influenciadores com o melhor custo benefício, sua companhia troca a visita de um influenciador por uma refeição gratuita. Além disso, nunca pede diretamente ao influenciador para postar fotos dela. A equipe de Cheng geralmente costuma dizer: "Vimos suas fotos, são incríveis!". Fala sobre as fotos deles e convida-os para jantar no seu restaurante, ou para algum evento no local. Dá valor a eles, em vez de tentar apenas convencê-los de algo.

A equipe dele também descobriu que seria geralmente ignorada por gente com mais de 100 mil seguidores, se não houvesse uma recompensa financeira no negócio. Em geral, os possíveis interessados seriam influenciadores na faixa de 10 ou 20 mil seguidores. É preciso dizer que quanto mais ampla a influência, mais global seria o tráfego. Um influenciador menor, com um séquito de 10 mil pessoas, se encaixaria melhor numa empresa local. Além disso, as pessoas com menos seguidores precisam de conteúdo de verdade e o apreciam mais. Depois que a equipe contatou os influenciadores menores, passou a procurar os maiores, na casa dos 40 a 50 mil seguidores, em seguida na faixa dos 60 e 70 mil, e assim por diante.

Não se esqueça de pensar do ponto de vista do influenciador e de oferecer-lhe algo de valor. Dê-lhe algo que eles já precisam, querem ou usam. Para ter eficácia neste ponto, relembre algumas das estratégias para criar parcerias que ensinamos no Capítulo 6.

DICAS RÁPIDAS E RECAPITULAÇÃO

→ O crescimento é mais lento no Instagram que no Facebook. Tenha paciência e perseverança e dê tempo ao tempo. Conquistar 25 ou 30 mil seguidores por mês é muito.
→ Sua rede é tudo. Descubra grupos participantes e gente que venda curtidas estimulantes. Também há uma porção de grupos no Facebook que trocam apoios por apoios ("s4s") e oportunidades de entrar para grupos engajados.
→ Use a página Explore para ser descoberto.
→ Consiga o apoio de contas importantes (com um grande séquito, e de veteranos na plataforma) para dar curtidas, fazer comentários, menções a você, e reaproveitamento do seu conteúdo.
→ Encoraje as pessoas a marcar as suas postagens. Incentive-as, passando a segui-las.
→ O texto da legenda é tudo na hora de encorajar a participação de modo natural.
→ Se você se apresenta como marca, use cenas visuais e de bastidores nesta plataforma.
→ Vise primeiro os influenciadores menores, para depois passar para os maiores.
→ Hoje, no Instagram, o tempo dedicado a uma única peça de conteúdo é muito pequeno. Porém com o lançamento da IGTV, o IG está tentando reverter esse comportamento.
→ Deixe que o seu conteúdo se identifique com o seu objetivo final.
→ Use a plataforma para ajudá-lo a atrair os influenciadores que influem sobre o seu influenciador alvo.
→ O Instagram pode ser de grande utilidade para negócios locais, em virtude das experiências off-line que ele promove.

IMPULSIONADORES DE CRESCIMENTO NO YOUTUBE

O YouTube é umas das plataformas mais difíceis para você crescer rápido e viralizar. Similarmente ao Instagram, não é configurado como uma plataforma de compartilhamento em si. Parecido com o SEO, o objetivo é ter uma boa colocação nos algoritmos do YouTube para ter seu conteúdo filtrado nos primeiros resultados de pesquisa e ser incluído nas sugestões.

Jackie Koppell, talentosa apresentadora e criadora da *NewsyNews* e escolhida recentemente pelo YouTube para o programa inaugural *Women in Comedy*, é também ex-chefe do departamento de talentos na AwesomenessTV, uma empresa de mídia de multiplataformas. Koppell explica que são necessários 20 mil inscritos para conseguir a atenção dos algoritmos, 50 mil inscritos para começar a ganhar dinheiro e 100 mil inscritos para despertar a atenção de uma marca.

Ela diz que umas das estratégias de crescimento é aproveitar o potencial de viralizar e o crescimento rápido do Facebook para conseguir um grande público e então direcionar esses fãs para seguirem seu canal no YouTube. Como discutimos nos capítulos anteriores, o dinheiro gasto em publicidade dá muito mais retorno na plataforma do Facebook do que na plataforma de propaganda do YouTube – é muito mais barato e possível se atingir um crescimento mais rápido naquele. Uma vez conquistado um crescimento acelerado no Facebook, torna-se mais fácil redirecionar as pessoas para um canal no YouTube. Além dessa estratégia, existem outras táticas de crescimento e aproveitamento que podem ser aplicadas na própria plataforma do YouTube.

O TEMPO DE VISUALIZAÇÃO IMPERA

No caso dos algoritmos do YouTube, o tempo de visualização é o que manda, por isso a proporção do tempo passado na visualização de seus vídeos, comparado ao tempo total de duração deles, é mais importante que a quantidade de gente que os vê. O sucesso depende da criação de um conteúdo excelente, de alta qualidade, que as pessoas queiram assistir por longo tempo, e de utilizar colaborações estratégicas que o ajudem a crescer.

Ao contrário de qualquer outra plataforma, o conteúdo mais longo se sai muito bem no YouTube. Joivan Wade, criador do *The Wall of Comedy!* explica que as pessoas acessam a plataforma parar ver conteúdos longos. Um vídeo de oito minutos seria uma ótima duração, e será muito bem recebido (se for bom).

Erick Brownstein diz que sua equipe acha o YouTube especialmente valioso a longo prazo, pois o conteúdo fica ali para sempre e é fácil de ser encontrado. Se ele for consistente, poderá vingar em outros lugares também e irá possibilitar um crescimento orgânico.

DESCOBERTA DE CONTEÚDO E CRESCIMENTO

Brownstein explica que as pessoas normalmente descobrem conteúdos de três maneiras: (1) todo mundo começa a compartilhar o conteúdo e ele viraliza – a melhor maneira, porém extremamente difícil de acontecer no YouTube, uma vez que ela não é uma plataforma de compartilhamento. (2) Por pesquisa. Se acertar nos meta dados e tendências que as pessoas já buscam, é uma ótima maneira de ser descoberto. (3) Pelo conteúdo de outras pessoas, grande motivo da utilidade das colaborações.

Jonathan Skogmo, executivo-chefe da Jukin Media e criador do canal do YouTube chamado *FailArmy*, com mais de 13 milhões de inscrições, teve grande sucesso. De fato, quando "Gangnam Style" era o número um dos vídeos mais assistidos do mundo, a empresa de Skogmo tinha o segundo vídeo mais assistido, "The Ultimate Girls Fail Compilation 2012".[21] "Gangnam Style" teve 400 milhões de visualizações em novembro de 2012, e "Ultimate Girls Fail", 290 milhões. Skogmo revela que sua empresa viu o YouTube fazer todo tipo de alterações em seus algoritmos baseado nos comportamentos e reações dos usuários. Se você for criador de conteúdo, dever ter bastante agilidade para fazer

---

21 "The Ultimate Girls Fail Compilation 2012", *YouTube*, 10:14, publicado por FailArmy, 22 de novembro de 2012. Disponível em: <https://www.youtube.com/watch?v=j2SMn2Zoiy8>. Acesso em: 10 de fevereiro de 2020.

mudanças rápidas e ajustes à medida que o YouTube muda. Estude a plataforma e sempre preste atenção ao que funciona. Isso remete à ideia de testar e aprender, embora a pesquisa seja sempre um dos segredos do crescimento.

Chris Williams, fundador e executivo-chefe da pocket.watch e ex-diretor de audiência no Maker Studios, onde supervisionava mais de 60 mil canais, diz que a melhor maneira de crescer no YouTube é a combinação de mídia paga, colaborações, otimizações e criação de *playlists*. Ele é grande adepto da mídia paga para promover o crescimento orgânico. Acrescenta que a sequência das visualizações – a quantidade de conteúdo que as pessoas assistem depois do primeiro vídeo – é a indicação mais precisa do crescimento orgânico proveniente das despesas com mídia paga.

Ele usa AdSense para rastrear os vídeos que seus espectadores assistem. Sua equipe determina a eficácia da sua peça de conteúdo de acordo com a quantidade de conteúdo a mais que as pessoas são levadas a consumir devido a ele. Esse indicador dita sua estratégia e influencia o modo como a equipe usa a mídia paga para alimentar o crescimento. Isso lhe dá uma percepção tanto do conteúdo quanto da estratégia de marketing.

Jackie Koppell acrescenta que na AwesomenessTV, ela foi testemunha de rápido crescimento através de prêmios. Ao trabalhar lá, viu gente dar câmeras caras ou iPads. Se puder fazer isso de forma consistente (o que ela percebe que a maioria não consegue) seus números irão crescer exponencialmente.

COLABORAÇÕES LEVAM A UM RÁPIDO CRESCIMENTO ORGÂNICO

Uma das melhores maneiras de criar uma comunidade no YouTube é através de colaborações com outros YouTubers. Compartilhar audiência não é nenhum conceito inovador – é algo que as pessoas vêm falando há 10 anos – mas realmente funciona. Os maiores fãs de seu colaborador vão apoiar todo mundo no grupo dos colaboradores.

Phil Ranta, antigo diretor de operações do Studio71, uma das maiores empresas de entretenimento digital impelida por influenciadores, usou estratégias de parcerias para aumentar o número dos seguidores de influenciadores do YouTube. Sua equipe trabalhou muito com a *Rhett & Link* (4,4 milhões de inscritos), que colabora com o apresentador de TV Jimmy Fallon.

Rhett McLaughlin e Link Neal criaram o *Good Mythical Morning*, um talk-show no YouTube. As apresentações de Rhett e Link e a de Fallon tem estilos parecidos, porém atingem um público diferente. Fallon tem uma base de fãs mais velhos e tradicionais, e *Rhett & Link* tem uma base de fãs jovem e heterogênea. No intuito de colaborar e compartilhar audiência, eles começaram a aparecer nos espetáculos um do outro. Jimmy Fallon em episódios do *Good Mythical Morning*, e Rhett e Link do *The Tonight Show*. Tem sido bem vantajoso para ambos. Trabalhar com Fallon fez *Rhett & Link* cair no gosto popular, e ao mesmo tempo ajudou Fallon a se lançar no mundo digital.

As colaborações também funcionam para quem está apenas começando. Ranta viu várias vezes gente que começou com apenas dez inscritos, criar mais de 200 mil novos fãs por semana, devido a colaborações. O crescimento provocado por boas colaborações pode ser rápido no YouTube. Por exemplo, Ranta estava comandando um canal de parcerias na Fullscreen, enquanto o YouTuber Shane Dawson estava nessa rede. Durante esse período, Ranta constatou que Dawson era um colaborador muito bom, capaz de lançar carreiras. Ele viu Dawson colocar criadores menores sob as suas asas e colaborar com eles em um monte de vídeos; muitas vezes eles se tornavam grandes astros antes mesmo de começarem a postar agressivamente seus próprios vídeos. As colaborações de Dawson ajudaram personalidades de internet como Shanna Malcom e Alexis G. Zall a aumentar o seu domínio de fãs.

Lembre-se o que aprendemos sobre colaboração no capítulo do Instagram – no início, não é preciso colaborar com alguém da estatura de Shane Dawson. Mesmo que a pessoa com quem você colabore tenha apenas 10 mil inscritos, existe alguma chance de centenas desses fãs começarem a seguir o seu canal. E se você tiver de zero a cem inscritos, comece colaborando com alguém que possua mil. Suba a escada.

Chris Williams concorda com o fato que parcerias estratégicas e colaborações são vitais para subir e crescer. Sua equipe acha que são meios extraordinariamente eficazes de provocar uma "aparência legal". No fundo, permite ao público descobri-lo e curti-lo por sua associação com algo que já o atrai. As colaborações entusiasmam um público direto de forma bastante eficaz.

Além disso, Ranta percebeu que muitos YouTubers mudam para os mesmos condomínios de apartamentos em Los Angeles, para facilitar a colaboração. Aparentemente, numa certa altura, muitos dos principais influenciadores sociais viveram nos prédios Hollywood e Vine (que azar para os vizinhos que não eram YouTubers).

No entanto, Koppell salienta que não é preciso mudar-se prematuramente para LA só por esse motivo. Esgote as conexões que possa fazer em sua cidade primeiro. E caso tenha pelo menos 10 mil inscritos, é possível filmar sem custos, uma vez ao mês, nos escritórios do YouTube nas maiores cidades em todo o mundo, incluindo Los Angeles, Nova York, Paris e Londres,[22] o que constitui uma ótima maneira para fazer conexões e começar a conhecer pessoas. Faça o máximo de conexões que conseguir antes de se mudar, para que a transição seja mais fácil caso, e quando, decida se mudar.

CONCENTRE-SE NOS SEUS ESFORÇOS E NA SUA FREQUÊNCIA

Ranta acredita que para criar um público consistente no YouTube, é necessário concentrar a maioria de seus esforços na criação de conteúdo para aquele canal. Ele não sugere que se ignore outras plataformas ao criar público no YouTube, mas diz que é melhor fazer cinco vídeos no YouTube do que dois vídeos no YouTube, duas postagens no Facebook

---

22 *YouTube Space*. Disponível em: <https://www.youtube.com/yt/space>. Acesso em: 10 de fevereiro de 2020.

e mais um podcast. Ele explica que o volume produz crescimento, portanto, a estratégia adequada é fazer o grosso do conteúdo no YouTube e então usar outras plataformas sociais para interagir com os fãs, e promover visualizações nos vídeos do YouTube. Ao colocar o esforço principal no YouTube, é possível conseguir um número maior de inscritos do que tentar de uma vez só.

Além disso, ao criar diariamente conteúdo de qualidade no YouTube, o crescimento é incrível. Ranta comenta que a maneira mais rápida de crescer é fazer tentativas, e a forma de fazê-lo é criar mais vídeos. A frequência é realmente importante para consolidar o público, especialmente no início. É claro, não é necessário colocar conteúdo que você não goste, mas se você for um *vlogger* e postar uma vez por semana, fica realmente difícil acompanhar aqueles que postam diariamente. Os fãs estão lá todo dia, portanto se você postar por quatro vezes consecutivas e depois sumir durante alguns dias, as pessoas começarão a esquecê-lo.

TENHA UM PONTO DE VISTA DEFINIDO E ATENHA-SE A UM TEMA

Ranta acredita que o fator principal que todo criador bem-sucedido no YouTube tem em comum é um ponto de vista forte sobre o qual cria conteúdo de forma consistente. Seu ponto de vista pode estar relacionado ao senso de humor, estilo de maquiagem, ideias sobre uma vida *fitness*, mas é primordial ter algo que os torne únicos.

Depois de descobrir o seu diferencial, ressalte esse atributo ou tema em seu canal. Se perseverar nisso, normalmente terá sucesso. É algo mais importante que ser fotogênico diante da câmera ou ter muita experiência como *vlogger*. Ranta observou que mesmo aqueles com muita habilidade normalmente não têm sucesso se não se ativerem a um tópico. Mudar de assunto constantemente pode ser confuso para as pessoas. Aborde seu conteúdo sob um único ângulo e terá mais chance de encontrar o seu público.

Ao rever os comentários no YouTube, notará que os vídeos e canais mais amados pelas pessoas são aqueles que as fazem se sentir ligadas aos seus melhores amigos. É muito difícil ter a sensação de que alguém seja como o seu melhor amigo, se você não puder explicar o que ele está fazendo. Mantenha as coisas simples e comece com um foco estreito.

CONVERSAS DE DUAS MÃOS

O YouTube oferece uma comunidade e um local para se dirigir e falar aos outros. Uma das grandes diferenças entre as estrelas das mídias sociais e as tradicionais do cinema ou da televisão é que o criador de conteúdo social é percebido como um amigo com quem se fala, enquanto a estrela de televisão ou cinema é mais distante. Uma estrela social é motivacional, enquanto uma estrela de cinema é inspiracional.

Ranta explica que, quando se é um *vlogger* ou personalidade, existe uma expectativa pré-existente do público de que ele está assistindo a alguém que poderia ser seu amigo potencial, ou interagir com ele. O público ama a ideia de poder ser mencionados em algum comentário. Alguns criadores razoavelmente grandes têm de fato uma conversa de mão única – como guias básicos, ou canais *Vevo*. Contudo, nesses casos isso funciona porque são apreciados mais como televisão, em que os comentários têm menos importância. Mas se o seu objetivo for tornar-se uma personalidade do YouTube ou um apresentador, então a conversa de mão dupla é vital. É preciso falar com seu público, fazendo-o se sentir incluído como se fosse um amigo.

PAIXÃO E CONHECIMENTO

Ranta diz que você está fazendo a coisa errada se não gostar do que fala. As pessoas bem-sucedidas na plataforma são extremamente apaixonadas pelos assuntos dos vídeos. E já que existe um mercado tão aberto, existe público para praticamente qualquer coisa, desde que o conteúdo criado seja legal.

Há algumas culturas profundas on-line. Por exemplo, se você é chegado em super-heróis ou quadrinhos, há muitos fãs por aí. É preciso que você saiba realmente sobre o que está falando para fazer que um canal desse tipo funcione. Ranta explica que se você for alguém que chega em casa e pensa, "As coisas da Marvel são populares. Serei um comentador da Marvel", mas não é de fato um conhecedor do assunto, as pessoas irão farejar sua inautenticidade imediatamente e o conteúdo será um fiasco.

Assegure-se de ter conhecimento apaixonado pelo assunto que você aborda no canal. As pessoas reagem positivamente diante de uma autêntica paixão. Além do mais, você gostará de aprender tudo sobre algo que ama. Isso vai ajudá-lo a se manter motivado e lhe fornecerá combustível para fazer o esforço necessário para criar um canal que prospere.

SEJA IGUAL MAS DIFERENTE

Para começar a criar público no YouTube é preciso seguir os padrões e tendências básicas de conteúdo. Ninguém surge do nada com um conteúdo totalmente incrível, isso é normal. O principal, que Ranta sempre diz às pessoas, é *ser igual mas diferente*. O seu estilo precisa ser reconhecido como tal e as pessoas precisam entender o que você está fazendo, mas você precisa ter bastante diferencial para que alguém o siga, em vez de outro *vlogger*.

Koppell salienta que tutoriais de maquiagem e canais de jogos se dão muito bem, e o conteúdo família/crianças é o campeão máximo do YouTube. Ela explica também que a tendência atual mais popular para aumentar o tempo de visualização no canal são as deixas que encorajam as pessoas a ficar – "mal posso esperar para contar para vocês – Vou revelar meu segredo surpresa no final deste vídeo". Ou se for um tutorial de beleza, poderá ser, "fique até o final do vídeo, quando revelarei o look completo".

Embora você deva seguir as dicas já mencionadas, é necessário também desenvolver a sua própria maneira de fazer isso. Descubra a sua voz e fórmula autênticas. Exiba a sua personalidade inconfundível e mostre às pessoas quem você realmente é. Não existe ninguém igual a você, e se você se mostrar por inteiro diante da câmera, isso o ajudará a brilhar e conquistar mais fãs.

MÁQUINAS DE VIRALIZAR

A empresa de Ranta, Studio71, trabalha com Roman Atwood, um dos principais influenciadores sociais do mundo, com mais de 14 milhões de inscritos, que criou vídeos virais com mais de 4,5 bilhões de visualizações. Atwood atingiu a fama ao fazer vídeos virais de pegadinhas e usou esse sucesso para criar um *vlog* diário mais voltado à família.

Atwood é uma máquina de viralizar. Ele não tem só alguns vídeos virais aqui e ali, e sim vídeos que constantemente viralizam. Em grande parte devido à sua noção de ritmo e daquilo que faz com que algo seja clicável ou entretenha o público. Ele não precisou seguir um curso de arte dramática ou frequentar uma escola de apresentadores. Desde a hora em que Atwood começou a fazer pegadinhas on-line, simplesmente mostrou jeito diante da câmera, e é atraente, jovem e ativo.

Ranta informa que leu um artigo interessante sobre Michael Phelps e o motivo de ele ser tão bem-sucedido como nadador. Parece que Phelps nasceu com um coração maior que o normal e uma notável membrana entre os dedos – é como se tivesse nascido para ser nadador. Ranta acha que muito astros do YouTube são famosos pelo mesmo motivo – como se tivessem passado por uma engenharia no laboratório para serem perfeitos YouTubers. As pessoas que se saem bem sabem ouvir e aprender, comenta Ranta. Absorvem informação quando se trata de otimização e programação estratégica. E observam e se adaptam ao comportamento dos fãs.

Chris Williams também acha que a personalidade é um grande índice do tamanho do sucesso de alguém no YouTube. Mas, para fazer uma análise mais profunda, sua equipe estudou o *Ryan ToysReview*, o maior canal de criação do YouTube e do mundo, e também parceiro da empresa de Chris, para tentar determinar algumas características que resultaram no crescimento extraordinário do canal. De acordo com a revista *Forbes*, apenas neste ano o apresentador de 6 anos de idade, Ryan faturou US$ 11 milhões com sua conta do YouTube. O canal ficou empatado em oitavo lugar na lista anual da *Forbes* das contas mais lucrativas do YouTube.[23] (Um garoto de sorte, uma vez que vive o sonho de muitas crianças, ser pago para brincar e avaliar brinquedos no canal.)

William acredita que parte do sucesso de Ryan é pelo fato de ter uma aparência multicultural. Esse conceito chamou sua atenção ao assistir uma entrevista com Dwayne "The Rock" Johnson, em que perguntaram sobre sua popularidade. The Rock explicou que acha que muitas pessoas se identificam com ele porque acreditam ser da mesma nacionalidade ou grupo étnico. Acreditam que The Rock é "um dos seus", pois corresponde a muitas comunidades étnicas. William diz que Ryan tem um apelo semelhante. Ele acha que ser tido como multicultural é um presente no YouTube. Também acha que a risada contagiante da mãe de Ryan (ela é uma das que seguram a câmera) contribuiu para o sucesso do canal. E, é claro, a seleção de conteúdo e brinquedos que Ryan avalia contribuem para seu sucesso.

Koppell acrescenta que os maiores influenciadores trabalham duro. Por mais fácil que seja menosprezar o trabalho deles, a verdade é que são bons no que fazem – têm algo que faz com que as pessoas queiram assisti-los. Eles mostram conteúdo constantemente, e se expõem se adaptando aos novos tempos. Trata-se, acha ela, de algo respeitável e de valor.

O VALOR DAS REDES MULTICANAIS

Redes Multicanais (MCNS) colaboram com plataformas de vídeo como o YouTube para oferecer assistência aos donos de canais de áreas como

---

[23] John Lynch, "A 7-Year-Old Boy Is Making $ 11 Million a Year on YouTube Reviewing Toys", *Business Insider*, 8 de dezembro de 2017. Disponível (em inglês) em: <https://flipboard.com/@llisa827/a-7-year-old-boy-is-making-11-million-a-year-on-youtube-reviewing-toys---busine/a-nuZczuCXSYmwWGtTlOZcOA%3Aa%3A35988345-3ff3f0cd46%2Fbusinessinsider.com>. Acesso em: 10 de fevereiro de 2020.

gestão de direitos digitais, programação, financiamento, gestão de parceiros, desenvolvimento de público, produto, promoção cruzada, monetização ou vendas, em troca de parte da receita de publicidade do canal.

A decisão de se juntar a uma rede no YouTube deve-se basear no ponto em que sua carreira se encontra e aonde você quer chegar. MCNS podem ser extremamente úteis, porém é como fechar contrato com qualquer agente ou gestor – você não quer ser o último da lista da agenda de ninguém. Também não quer estar em uma situação padronizada que não serve às necessidades da sua marca.

Por exemplo, Ranta explica que se um MCN lhe oferecer acesso a uma plataforma tecnológica em que você consiga dados profundos e *analytics*, fica possível tomar decisões melhores, mas se você não estiver super interessado em decifrar dados e *analytics*, provavelmente essa não é a melhor MCN para você. Contudo, se você está pronto para embalar e vender seu próprio programa de televisão, e a MCN tem os registros de sucesso nessa área, talvez seguir por aí seja extremamente vantajoso.

ATINGIR O PÚBLICO INFANTIL E ANALISAR OS ÍNDICES

William comenta que se o seu público-alvo é composto por crianças e famílias, o YouTube é ótimo pois as "crianças vivem lá". Cerca de 70% do consumo de conteúdo de vídeo infantil é feito em plataformas de *streaming*. E o YouTube é dominante no que diz respeito ao tempo de visualização entre crianças. Tem sido a plataforma básica de sua companhia ao visar o crescimento, já que ela atende a essa esfera demográfica.

Ao trabalhar com crianças, os índices não se relacionam por completo com a quantidade de gente que você conseguiu que se inscrevesse, uma vez que as crianças são muito jovens para se inscreverem. Em vez disso, sua equipe foca na estratégia de otimização para chegar aos algoritmos que os coloquem em um lugar proeminente dentro dos vídeos sugeridos e relacionados. Normalmente eles ficam atentos a índices como tempo de visualização e visualizações subsequentes (quantos outros vídeos foram vistos em seguida ao vídeo inicial) para julgar a eficácia de suas táticas.

VIRALIZANDO

O cineasta e executivo-chefe/diretor de criação da Comp-A Productions, Pedro D. Flores, que tem pessoalmente mais de 239 mil inscritos e viralizou "Tacos", com cerca de 100 milhões de visualizações, explica que viralizar é sempre como jogar um dado. Mesmo usando todas as receitas certas para fazer o vídeo viral perfeito, sinceramente nunca se sabe se ele terá sucesso.

Ele nunca imaginou que o vídeo paródia "Tacos", que fala sobre o fato dele ser um mexicano que não parece mexicano, iria viralizar. Esse sucesso mudou toda a perspectiva que ele tinha sobre o tipo de conteúdo que gostaria de criar. Antes desse vídeo, ele nunca havia feito nada sobre etnia. Mas, após a boa reação do público, ele agora supre esse nicho. É impossível começar sabendo o que funcionará no seu caso. Você descobrirá o gosto de seus espectadores criando conteúdo, testando e aprendendo – soa familiar?

Flores diz que é necessário mudar constantemente. E ele sabe do que está falando. Está na plataforma do YouTube desde o início. Criou conteúdos sensacionais que viralizaram, "Kings of Myspace" e "King of YouTube" (se procurar bastante, é possível me ver nesse vídeo). Ele também foi diretor e colaborador frequente de muitos astros do YouTube, tais como Timothy DeLaGhetto (3,6 milhões de inscritos) e Eric Ochoa do *SUPEReeeGO* (2,8 milhões de inscritos). Ele também teve sucesso na mudança de seu canal de conteúdo somente em inglês, para um conteúdo completamente em espanhol. E então mudou de um canal em espanhol com pessoas reais, para exibir praticamente apenas desenhos. Você precisa estar disposto a mudar com o tempo e seguir as tendências. Ele diz que se você não se mantiver atualizado, ficará para trás.

DICAS RÁPIDAS E RECAPITULAÇÃO

→ No YouTube é necessário ter no mínimo 20 mil inscritos para os algoritmos reagirem, 50 mil inscritos para começar a ganhar dinheiro e 100 mil inscritos para atrair a atenção de alguma marca.
→ Atualmente, os algoritmos do YouTube favorecem conteúdo com alto percentual de tempo de visualização. O conteúdo longo se sai bem no YouTube.
→ O YouTube é uma das plataformas mais difíceis para atingir crescimento rápido.
→ O crescimento acontece principalmente pelos algoritmos, busca e colaborações.
→ Tenha consistência e coloque conteúdo diariamente.
→ Colaboração é a chave para o crescimento rápido no YouTube.
→ Mude-se para Hollywood ou Vine para encontrar colaboradores no YouTube. Só de brincadeirinha (mais ou menos).
→ Se você tiver 10 mil inscritos, é possível filmar nos escritórios do YouTube uma vez ao mês, gratuitamente.
→ Determine a eficácia de uma peça de conteúdo pela quantidade de conteúdo subsequente que ele leva as pessoas a assistir.
→ Use o AdSense para monitorar quais vídeos que são vistos.
→ Analise seus índices por número de inscritos, tempo de visualização e visualizações subsequentes, dependendo de sua necessidade.
→ Tenha um ponto de vista forte no conteúdo e no seu canal.
→ Atenha-se a um assunto ou ponto de vista em seu canal.
→ Se o seu objetivo for tornar-se uma personalidade ou apresentador, então uma conversa de mão dupla com os fãs é importante.
→ Seja apaixonado e conhecedor do assunto que abordará.
→ Seja o mesmo, porém diferente em sua abordagem sobre assuntos e estilo de criação de conteúdo.
→ Tutoriais de maquiagem, canais de jogos e programas familiares reinam inquestionavelmente no YouTube.

→ Use deixas para encorajar as pessoas a ficarem e visualizarem o conteúdo.
→ Dê destaque aos fãs nos *vlogs*, para atrair interesse.
→ Trabalhe duro, seja flexível, e adapte-se conforme a plataforma muda.

10
AS REALIDADES
DO SNAPCHAT

Este capítulo será curto. Fiz essa opção pelo mesmo motivo que não incluí um capítulo sobre o Twitter: não utilizo essas plataformas. Não vejo essas plataformas oferecerem oportunidades de crescimento e monetização, tal como fazem as outras. Na verdade, como você verá neste capítulo, muitos influenciadores no Snapchat estão deixando o aplicativo e se mudando para o Instagram Stories. Uma porção das estratégias de conteúdo que você aprendeu aqui pode ser utilizada nesse recurso da plataforma do Instagram. Dito isso, algumas marcas ainda encontram muita utilidade na utilização da plataforma, onde há influenciadores que chegam a ganhar US$ 100 mil por semana.

O maior obstáculo para ter sucesso no Snapchat é que a única maneira de obter crescimento é fazer colaborações, ou pagar alguém que seja popular para postar apoios chamativos. É extremamente difícil conquistar popularidade nessa plataforma. Quase não há ferramentas de busca e desde o início o Snapchat tomou a decisão de não apoiar influenciadores.

No entanto, isso não quer dizer que não haja benefícios para o marketing. Christy Choi, executivo-chefe da First Influence, uma companhia de marketing digital com foco principal no Snapchat, aprendeu a usá-lo como veículo de pronta resposta, e foi muito bem-sucedido em fazer os visualizadores adotarem os aplicativos de seus clientes. Choi acredita que isto deu certo por causa do relacionamento que as pessoas mantêm com os influenciadores na plataforma. O Snapchat é uma plataforma de bate-papo. Na verdade, não se trata da exposição de fotos para o público; foi criada para relacionamentos mais íntimos, em que mesmo se o influenciador não responder, os visualizadores ainda se sentem em uma linha direta com as pessoas para quem mandaram a mensagem. Este nível de intimidade na plataforma dá às pessoas a sensação de estar recebendo uma recomendação pessoal, quando um influenciador lhes pede determinada atuação. É como se fosse um amigo que segura a sua mão e diz: "Ei, veja só isso. É realmente legal".

PRODUÇÃO DE CONTEÚDO E ESTRATÉGIA PARA O SNAPCHAT

O conteúdo no Snapchat funciona bem quando é colaborativo e consegue de certo modo que o público participe. Enquanto trabalhava na promoção de várias contas de marcas no Snapchat, Choi descobriu que uma das táticas bem-sucedidas é publicar uma história participativa semanal, em que o público responde a perguntas. Por exemplo, criar uma história de se adivinhar o nome de uma música, ou algo assim. Ela posta a música e o público envia as respostas. Uma resposta ou um selfie junto com a resposta. Isto deu muita popularidade e teve grande participação.

Devido à natureza participativa do Snapchat, os índices de resposta são geralmente mais altos que na maioria das outras plataformas. Devido a este fato, Choi recomenda que se peça às pessoas para enviar o que pensam e o que acharam da informação que tiveram. Mais uma vez, as pessoas querem sentir como se conversassem diretamente com o influenciador, e não como se estivessem curtindo ou comentando passivamente alguma postagem.

SEJA AUTÊNTICO

Chris Carmichael é um dos criadores originais e influenciadores do Snapchat (o primeiro a conquistar 100 mil seguidores) e atual executivo-chefe da Bitsmash – um aplicativo que facilita muito quem deseja fazer *vlogs* criativos, utilizando apenas seu smartphone – conta-nos a história de sua popularidade nesta plataforma. Quando o Snapchat começava a ficar popular em 2014, ele estava em viagem na Islândia. A plataforma ainda não era realmente popular nos EUA, mas ele reparou que na Islândia até os avós a usavam como ferramenta de comunicação. Foi ao observar esse comportamento que a sua intuição lhe disse que a plataforma iria decolar, e ele começou todo dia a contar as suas histórias. Só nessa viagem, obteve 10 mil visualizações para suas mensagens no Snapchat. Na época ninguém chegava a pensar na plataforma como ferramenta influenciadora, por isso 10 mil visualizações foram novidade como conceito.

Logo depois deste sucesso, ele se mudou para Nova York e colaborou com uma turma de Viners (do aplicativo Viner), para tentar ajudá-los a crescer no Snapchat. Finalmente, Carmichael atingiu cerca de 150 mil vizualizações por postagem no Snapchat, e recebeu o apoio de influenciadores como Jérôme Jarre, King Bach e Vitaly. Os índices de conversão nessas manifestações de apoio foram cerca de 10%, coisa jamais vista – geralmente só por volta de 1 a 2% dos visualizadores são convertidos.

Ele começou a ser procurado por marcas. Carmichael passou de almoço com macarrão a ganhar 10 mil dólares por história de marcas como a Disney, Universal, Lionsgate e Fox. Percebeu depressa que os vídeos verticais (o tipo exibido no Snapchat e Instagram Stories) seria o novo meio no qual a garotada se viciaria. E para ele era óbvio que as marcas não tinham ideia como usar esse novo meio do vídeo vertical. Uma porção de marcas tentava aplicar a ideologia tradicional da publicidade a uma plataforma que simplesmente não a aceitava. Ao verem um comercial tradicional, os membros da Geração Y logo demonstram indiferença, e já que a maioria dos usuários do Snapchat está entre os 13 e os 34 anos de idade, ela sente logo o cheiro da inautenticidade. As marcas chegaram no Snapchat tentando aplicar metodologias tradicionais a uma plataforma que é super íntima, que não aceita mentiras. Não se deve dizer coisas do tipo "compre esta pasta de dentes, que ela o tornará mais feliz". Se você mentir ou tentar vender alguma coisa, perde o seu público. É preciso ser autêntico e contar a verdade. Além disso, nos vídeos verticais suas expressões faciais ficam muito aproximadas – você está cara a cara com seu público, por isso quando o apresentador na verdade não gosta do produto apresentado, a coisa fica óbvia e talvez trabalhe contra a marca.

Carmichael repara que uma porção de marcas também comete o erro de criar conteúdo de luxo e de alto padrão para o Snapchat, que não é o que a garotada gosta – ela não se liga nisso. Ela se liga em desenhos bagunçados e erros. Choi acrescenta que as pessoas não pensam previamente nas suas postagens. Elas veem algo, pegam o celular, documentam e mandam; é essa a alma da plataforma.

Choi se refere a Mike Khoury, que recebe 200 mil visualizações em uma única postagem no Snapchat, o que é muita coisa para alguém que não tem nenhum canal importante no YouTube, ou séquito anterior no Vine. Ele cria conteúdo humorístico sobre qualquer coisa, na hora. Comete frequentes erros de fala, mas dá certo porque é engraçado e autêntico. É isso que as pessoas gostam nessa plataforma; é o que as faz compartilhar a história, no Snapchat.

A garotada quer ver seres humanos de verdade, com falhas e tudo. Seja autêntico, sincero e vulnerável com o público.

BOM PARA EVENTOS

Tim Greenberg, executivo-chefe do setor de comunidade da Liga Mundial do Surf, explica que quando o Instagram Stories começou, sua equipe olhou para suas plataformas e disse: "Bem, não queremos produzir o mesmo conteúdo em ambas as plataformas, então como adotar uma dicção e abordagem diferentes para o Snapchat?". Decidiu que o Snapchat seria uma maneira de seus fãs seguirem a sua equipe social em suas viagens pelo mundo, e que ao Instagram Stories ficaria reservado o conteúdo sobre os atletas, já que é onde eles despertam a maior participação.

A Liga Mundial de Surf faz sucesso no Snapchats quando cobre eventos ao vivo como o Billabong Pipe Masters. Nesta plataforma, eles procuram ser mais engraçados e atraentes. Tim afirma que você pode se divertir muito porque o conteúdo desaparece em vinte e quatro horas. É uma ferramenta sobre cenas de bastidores para levar os fãs até a praia. Eles também tentam passar a sensação de um amigo falando contigo, tal como, "Ei, estou neste evento. Contando essa história aqui".

Joivan Wade, fundador de "The Wall of Comedy" acrescenta que você pode tirar vantagem do fator desaparecimento. Digamos, sua equipe pode criar um conteúdo que encoraja as pessoas a estar presente ali às cinco horas de sexta-feira, pois quando chega sábado às cinco, o conteúdo desaparece. Ela cria conteúdo que é atraente no formato ao vivo – que exige ser visto pelo espectador ali e agora.

DIFÍCIL SER DESCOBERTO NA PLATAFORMA

Choi explica que para os criadores é realmente difícil ser descoberto no Snapchat. Ela acha que os influenciadores dão "um pequeno brilho a mais" às plataformas, e infelizmente o Snapchat não encorajou o crescimento deles na sua plataforma. Recentemente a plataforma começou a fazer tabelas de avaliação para marcas/celebridades, e também dá para pesquisar interesses, como música. No entanto, quando se busca interesses, eles apenas sugerem os dez melhores músicos, o que não basta – não ajuda o pessoal pequeno a crescer. Toda a experiência pela qual o usuário passa simplesmente não é agradável. Choi diz que você se sente como se estivesse "remexendo numa lata de lixo" para procurar o conteúdo que busca.

A única maneira de crescer nessa plataforma é trocar apoios com outros influenciadores. Você precisa figurar nas narrativas uns dos outros, compartilhar snapcodes, e seguir uns ao outros. É a única maneira de crescer – mas se você já for famoso, como Kylie Jenner, aí, é claro, os seguidores vêm naturalmente.

COLABORAÇÕES DE APOIO

Carmichael diz que é preciso escalar os degraus para criar relacionamentos. Conheça gente de baixo, aproxime-se delas, e consiga apoio. Crie algo único que ninguém mais faz, pois se as pessoas acham que você vai crescer, vão colaborar com você. É preciso esticar a mão para quem está em baixo (gente com um menor número de seguidores) e esperar que alguém queira criar uma história junto com você.

Quando Choi estava promovendo o crescimento da conta de uma marca, conseguiu a maioria de seguidores através de apoios de influenciadores pagos. Mas no Snapchat você precisa fazer isso de determinada maneira. Você não manda o influenciador dizer: "Ei, tem esse canal aqui muito legal. Faz isso e aquilo, vá lá segui-lo". Em vez disso, você dá a impressão de já ser amiga do grande influenciador. Por exemplo, ela pediu ao influenciador para dizer, 'ei, gente, por falar nisso, vão lá dar um alô a minha amiga Christy".

Depois dessa iniciativa, milhares de garotos começaram a segui-la. A garotada pensa: "Eu não sei quem é Christy, mas ela é amiga dessa moça que gosto, que me disse para dar um alô a ela, então vou fazer isso porque é engraçado". Isso ajudou Choi a criar um enorme séquito, porque no Snapchat você precisa adicionar alguém antes de mandar-lhe uma mensagem. Então, nos dias em que ela aproveitava o séquito da influenciadora, criava uma história atraente que fazia as pessoas ficarem ligadas ali. Ela usava a tática de botar fãs no canal dizendo coisas como: "Ei, se você estiver assistindo às minhas histórias, vai aparecer diante de milhares de pessoas". Esse incentivo tende a dar certo.

AS PESSOAS ESTÃO ABANDONANDO O SNAPCHAT

Da perspectiva do marketing, Choi vê boas conversões no Snapchat. Se ela tivesse a mesma influenciadora para fazer uma promoção no Snapchat, que fizesse outra igual no Instagram Stories, ela vê comparativamente melhores conversões no Snapchat. No entanto, o desafio é que hoje cada vez mais influenciadores estão deixando a plataforma.

Uma porção de gente está mudando para o Instagram Stories porque não tem crescimento no Snapchat. As pessoas não sabem de fato quanto seguidores têm e o número de suas visualizações parece ter uma queda em determinados dias, o que é desanimador. Choi acha que, como o influenciador é vaidoso, é um problema quando ele fica sem saber quantos seguidores na realidade tem, ou quando percebe que houve uma queda na quantidade das visualizações.

Uma porção de criadores originais do Snapchat está tentando entrar em outras plataformas. Muitos deles também foram agora para o TikTok, porque se você aparecer nesse contexto, pode criar um séquito. A maioria das pessoas que usa as mídias sociais busca crescimento, e realmente isso fica difícil no Snapchat.

No que diz respeito às marcas, Choi reparou que, por último, elas postam cada vez com menor regularidade. Parecem desinteressadas, seja porque as suas plataformas não estão crescendo, seja porque acham que a estrela do Snapchat está se apagando.

Carmichael acrescenta que é preciso muito dinheiro e muito trabalho para as marcas contratarem gente que trabalha bem no Snapchat.

E se alguém for bom, ele provavelmente vai lá e começa sua própria plataforma – não há nenhum motivo para trabalhar somente para uma marca. Por isso as marcas geralmente acabam usando seus gerentes de mídias sociais para postar conteúdo, o que geralmente acaba criando falta de interesse ou estagnação. Além disso, para as marcas é difícil calcular se a sua atividade está sendo compensadora. Por isso, uma porção de marcas, do mesmo modo que os influenciadores, acabam focando no Instagram Stories, ou abandonando o Snapchat.

Carmichael acha que o principal motivo de todo mundo estar abandonando o Snapchat, é porque a plataforma decidiu, desde o início, não trabalhar com influenciadores – na verdade, ela os evitava. Deixara muito claro que não os ajudaria. O Vine também cometeu exatamente esse mesmo erro, durante anos. Eles perderam muita gente para o Facebook e Instagram e depois tentaram reconquistá-los, mas era tarde demais, do mesmo modo que poderá ser para o Snapchat.

Quando o Instagram copiou o Snapchat, todos os influenciadores pensaram: "Está bem, por que eu promoveria tanto meu Instagram quanto meu Snapchat, quando posso simplesmente promover meu Instagram e nele acessar *stories* e o feed de imagens?". Imediatamente, uma porção de influenciadores passou a ter mais visualizações no seu Instagram Stories, porque ele permite o crescimento. Você pode usar hashtags para que sua história seja pesquisada. Se por acaso você for o maior dentro de alguma categoria, recebe muitas visualizações e as pessoas podem descobrir o seu perfil e segui-lo. No Snapchat, por outro lado, não há literalmente nenhuma maneira de fazer isso; mesmo se você acaba criando uma história pública, não há como as pessoas o descobrirem ou adicionarem.

OS VÍDEOS VERTICAIS REPRESENTAM O FUTURO

Carmichael e Choi acreditam que o futuro das mídias sociais está nos vídeos verticais. Eles estão começando a ver músicos como Selena Gomez e Maroon 5, fazendo videoclipes em formato de vídeo vertical em plataformas como o Snapchat. Carmichael acredita que é por aí que o vídeo vai enveredar, porque é muito pessoal. Ele diz que o vídeo vertical é quase como uma janela que dá para o mundo do outro. É como se você estivesse segurando as mãos dele, ou numa ligação do FaceTime. Dá um grau de intimidade e conexão que o vídeo horizontal não dá.

Dando um passo além, o Instagram Stories permite que você fixe/salve determinadas histórias para que fiquem no seu feed para sempre, como um vídeo no YouTube. Em virtude disso, os influenciadores estão começando a fazer e salvar histórias em vídeo interessantes, em estilo narrativo. Eles os pregam de modo que as pessoas possam vê-los e assisti-los mais tarde. Choi acredita que esquetes cômicos em vídeo vertical, e narrativas criativas vão dominar nos próximos anos.

DICAS RÁPIDAS E RECAPITULAÇÃO

→ O Snapchat foi criado como plataforma de bate-papo. As pessoas gostam da intimidade dos papos e sentem que estão conversando diretamente com o influenciador.
→ Crie conteúdo interativo com o seu público. Incentive uma atuação. Deixe que ele tenha protagonismo nas suas histórias. Convença os fãs a mandar-lhe suas ideias ou reações, ou peça suas reações e que respondam a perguntas. Em virtude da natureza colaborativa do Snapchat, as reações são geralmente mais numerosas que na maioria das plataformas.
→ Seja autêntico, vulnerável e sincero.
→ Diga a verdade. O aplicativo aproxima muito o seu rosto e dá para as pessoas verem se você estiver mentindo. (Não banque o Pinóquio!)
→ Não faz mal e é até positivo cometer erros no conteúdo criado por você.
→ Seja regular e produza conteúdo todo dia.
→ O Snapchat é bom para cobrir eventos ao vivo.
→ A única maneira de crescer no Snapchat e dar apoio e colaborar com os colegas influenciadores. Participem das histórias uns dos outros, compartilhem Snapcodes, e sigam uns aos outros.
→ A única quantidade que conta é o número de pessoas que vê a sua história por dia, e não a quantidade de seguidores, como em outras plataformas.
→ Já que é tão difícil crescer no Snapchat, muita gente está indo para o Instagram Stories.
→ Os esquetes humorísticos em vídeo vertical e histórias narrativas criativas talvez representem o futuro das mídias sociais.

11
CRESCIMENTO SUBSTANCIAL DOS NEGÓCIOS COM O LINKEDIN

LinkedIn é uma plataforma poderosa que pode ajudá-lo a visar e atingir determinadas pessoas que podem levar o seu negócio a ter um crescimento considerável. À primeira vista, tem gente que vê apenas uma plataforma de procurar empregos e cargos, mas se for aproveitada de modo correto, pode vir a ser extraordinária para anunciar e vender produtos, fechar grandes negócios, e fazer contatos que podem mudar a sua carreira. Se você tiver um produto, por exemplo, que seja de encomenda para diretores de marketing (CMOS) de empresas que tenham no mínimo mil empregados, LinkedIn é de longe, e talvez a única ferramenta, que lhe permite encontrar essas pessoa na quantidade desejada.

AJ Wilcox, consultor de anúncios da LinkedIn, fundou o B2Linked.com em 2014, que gerenciou mais de centenas de contas de anúncios no LinkedIn, gastou uma quantia de mais de US$ 100 milhões na plataforma (mais do que qualquer outro indivíduo ou empresa no mundo inteiro), e gerenciou três dos cinco principais clientes do LinkedIn. Ele acredita que o LinkedIn é o lugar mais fácil para acessar pessoas certas para cargos específicos, ou com a capacidade e aspectos de um perfil ligado aos negócios, do tipo que você procura para criar e desenvolver a sua marca ou empresa.

DESENVOLVIMENTO DE NEGÓCIO E CRIAÇÃO DE PARCERIAS VIGOROSAS

Wilcox diz que o LinkedIn é ótimo para procurar empregos, pois é possível fazer contato com qualquer pessoa que você quiser. A facilidade de acesso a ela é limitado apenas pela habilidade na aproximação. Você pode usar as funções de busca para encontrar o líder de marketing com quem você adoraria trabalhar em sua empresa. Se você tiver um ótimo trabalho para ele, nada lhe impede de escrever uma solicitação de contato dizendo: "Oi, sigo você há anos e gosto muito do seu trabalho. Adoraria entrar em contato contigo". E depois de estabelecer contato com alguém no LinkedIn, você ganha acesso ao endereço de e-mail desta pessoa e qualquer outra informação que esteja no perfil. É possível mandar e responder e-mails gratuitamente e de maneira ilimitada.

Se você souber de alguém que deseja contatar – seu cliente ou sócio ideal – é possível criar um meio de se comunicar. O segredo é ser esperto na hora da aproximação. Não é uma boa ideia começar dizendo, "oi, quero pegar seu telefone e tentar vender alguma coisa pra você". Trata-se de encontrar formas de proporcionar valor. Comece com um elogio inicial ou algo que, antes de tudo, crie uma relação, sem tentar vender nada.

Wilcox salienta que todo mundo detesta quem chega vendendo, mas todos adoram comprar. Portanto, no contato inicial, não chegue como se quisesse vender algo, ou será a última vez que terá notícias desse indivíduo. Você será incluído na categoria do spam. Falando pessoalmente, eu tinha enorme sucesso quando chegava com o intuito de proporcionar algum valor e de ajudar o sujeito a desenvolver um negócio, ou ter mais sucesso no trabalho; isso aumenta a chance da resposta e pode eventualmente levar a uma venda. Não venda serviço ou produto; ofereça um valor único ao seu contato através do seu produto ou serviço. Sei que pode dar a impressão de ser um pouco parecido, mas deixe-me dar um exemplo.

Ao aconselhar uma empresa que vendia otimização social paga (ex.: gerenciar e otimizar campanhas pagas em mídias sociais) para as empresas *Fortune 100* e *500*, eu não abordava as pessoas e dizia: "Oi, eu gostaria de ter uma conversa sobre como gerenciar suas campanhas pagas. Você tem tempo para uma ligação rápida nesta semana?". Essa é a forma da típica abordagem do vendedor, que nunca obteria resposta. Em vez disso, mandava algo mais ou menos assim:

Oi {nome da pessoa}, primeiro gostaria de parabenizá-la pelo sucesso da {nome da empresa}. O que fizeram com {cite um projeto específico, produto ou campanha} é realmente notável.

Por ser um especialista no campo digital, gostaria de lhe dizer algo sobre uma nova plataforma tecnológica lançada por nós, que lhe dará dados exatos sobre a prática de todos os seus competidores nos canais sociais, junto com o conhecimento sobre o desempenho deles no passado. A plataforma também fornece dados profundos dos vídeos que foram vistos antes e depois do visitante assistir a um vídeo do competidor, como também em que plataforma social viram o vídeo.

A parte intrigante da plataforma é que todos esses dados podem ser apurados e usados para aumentar o índice de qualidade de seus vídeos, o que, por sua vez, diminui o custo por visualização de suas campanhas e aumenta a capacidade orgânica do vídeo viralizar. A melhor parte da plataforma é ser 100% transparente e poder economizar até {coloque um estatística impressionante} em suas campanhas de mídia paga, ao mesmo tempo que também aumenta o seu desempenho em {coloque uma estatística impressionante}.

Atualmente estamos trabalhamos junto a {lista dos nomes dos clientes} com essa nova tecnologia. Como você está sempre na crista da onda do mundo digital, quis enviar as informações achando que talvez lhe fossem úteis. Gostaria muito de fazer uma apresentação, se a empresa estiver interessada em saber mais.

Saudações,

Brendan Kane

Essa mensagem é escrita sob o ponto de vista de proporcionar valor à pessoa, visando aumentar o sucesso dos seus esforços sociais, e não o de querer apenas vender alguma coisa. Essencialmente, as mesmas regras se aplicam ao trabalho com redes pessoais. Você nunca vai até alguém em um evento de networking, enfia seu cartão em sua mão e diz, "ei, você é de tal companhia. A gente devia fazer algum negócio." Isso apenas levará as pessoas a se esquivarem de você a caminho da mesa de ponche. Comece sempre com uma apresentação branda e descubra como proporcionar valor à outra pessoa, o mais rápido possível.

CONTEÚDO QUE PROVOCA LEADS

Wilcox tem tido muita sorte para criar negócios para a sua agência. Fez isso compartilhando conteúdos para estar bem presente na cabeça das pessoas. Atualmente, tem 300 mil contatos. O número não impressiona, mas são 300 mil contatos de negócios em que se reconhece o seu valor como especialista em LinkedIn, com potencial de prestar ajuda a eles ou aos seus conhecidos. Se o público visualizá-lo uma vez ao mês no feed, ou a cada entrada ver algo diferente sobre ele, é mais provável que busque contato. Isso acontece pois fazer com que as pessoas pensem em você quando compartilham conteúdo o põe no topo da lista, acima dos outros vendedores. Posso dizer em primeira mão que isso funciona, eu pessoalmente encaminhei vários clientes em potencial para o AJ.

Wilcox acha que tem mais valor fazer atualizações simples, tais como compartilhar conteúdo, pensamentos e experiências uma vez por semana, em vez de usar a opção de artigos do LinkedIn. Isso porque, não importa como, você é sempre responsável por encaminhar o tráfego de clientes para seu conteúdo; o LinkedIn não faz muito para ajudar nessa empreitada. Mas se você tiver tempo e quiser escrever uma atualização sobre algo, é claro que pode ser útil. O ponto principal é que os leads surgem quando a gente proporciona informação gratuita para as pessoas, quer seja através de um conteúdo original ou não. Desde que a informação tenha valor, você ganha o reconhecimento das pessoas pelo seu conhecimento e autoridade.

É possível até compartilhar coisas que não sejam apenas profissionais. É totalmente válido misturar o lado pessoal. Por exemplo, Wilcox já viu um recrutador de RH escrever um artigo sobre um candidato que chegou quinze minutos atrasado para uma entrevista, sem oferecer nenhuma desculpa. O recrutador perguntou à comunidade LinkedIn se alguém recomendaria contratar alguém assim. Ele viu um monte de comentários e frases como, "não, esquece ele", ou "sim, dê a ele uma chance. Talvez seja apenas um engenheiro sem traquejo social". Um longo debate se sucedeu à postagem.

Isso realmente tem valor, porque uma das grandes diferenças entre o LinkedIn e outras redes sociais é que qualquer interação social – uma curtida, um comentário ou compartilhamento – faz que o seu conteúdo seja visto por uma parcela da rede daquela pessoa. Se você escrever algo bastante atraente que faça outras pessoas interagir com você, a oportunidade de viralizar torna-se maior. Seu conteúdo pode atingir a rede dentro de sua rede, e depois a rede dentro dessa outra rede, e assim por diante.

UM GRANDE NÚMERO DE CONTATOS NÃO TEM NECESSARIAMENTE GRANDE IMPACTO

Wilcox é realmente seletivo em relação aos contatos no LinkedIn. Ele contata apenas pessoas que conhece pessoalmente, ou cuja capacidade de trabalho ele respeita. Não contata ninguém só porque pertence ao mesmo setor industrial. Por conta disso, ele mantém o número de seus contatos relativamente baixo.

Normalmente, encontramos pessoas com 15, 20 ou até 30 mil contatos (30 mil é o limite máximo de contatos permitidos pelo LinkedIn, com exceção das pessoas no programa extremamente exclusivo de influenciadores).[24] Porém, um grande número de contatos no LinkedIn geralmente não é benéfico pelo fato de, ao compartilhar conteúdo, ser mais vantajoso ter contato pessoal com a maioria das pessoas de sua rede. Quando Wilcox compartilha algo, tem amigos e colegas que torcem por ele – todos irão curtir e comentar praticamente tudo que ele colocar, pois são amigos fiéis que dão importância ao seu sucesso. Se você tem um grande público e ninguém curte ou comenta o seu conteúdo, o LinkedIn encara isso como sinal de pouca força e não mostra o conteúdo para tantas pessoas.

ANUNCIANDO PARA INDIVÍDUOS PREOCUPADOS COM A SUA CARREIRA

LinkedIn é o melhor lugar para se interagir com indivíduos focados na carreira. As pessoas que pertencem ao ecossistema do LinkedIn são mais

---

[24] Tracy Raiteri, "Did You Know That There Are Connection Limits on LinkedIn?", *Townsville Social Media Marketing*, 31 de agosto de 2012. Disponível (em inglês) em: <http://townsvillesocialmediamarketing.com/did-you-know-that-there-are-connection-limits-on-linkedin>. Acesso em: 10 de fevereiro de 2020.

voltadas aos negócios e à carreira. Elas procuram uma interação com negócios, serviços ou produtos, por isso, quando você publica anúncios na plataforma, o mais provável é obter a atenção desse tipo de gente.

O Facebook é uma forma fantástica de publicidade barata, mas pouquíssimas pessoas de fato preenchem informações sobre sua profissão em seus perfis. Por isso, ao tentar visar as pessoas pelas profissões, não se tem a mesma escala do que a proporcionada pelo LinkedIn. Wilcox comenta que no LinkedIn, quando oferecemos qualquer coisa ligada a trabalho ou carreira, obtem-se um índice de conversão incrivelmente alto, enquanto no Facebook a competição é contra quem tem mais conteúdo (incluindo fotos de netos e bichinhos de estimação, que todos sabemos ser mais cativante).

Wilcox recomenda que a gente pense nos anúncios do LinkedIn como se fossem um alvo de *sniper*, e do Facebook como se fossem mais do tipo alvo de espingarda. É possível ser muito mais preciso ao visar o segmento de negócios no LinkedIn.

CUSTOS

Contudo, a atenção, nível de acesso e especificidade de direcionamento ao público que se consegue no LinkedIn tem um custo mais elevado. Wilcox explica que essa é uma das plataformas mais caras para pôr anúncios. Em média, um clique no LinkedIn custa cerca de 6 a 9 dólares. Por pagar uma quantia mais elevada logo de cara, é necessário ter um negócio grande na retaguarda para compensar os custos.

Antes de mergulharmos mais fundo na plataforma de anúncios, quero dizer que é possível fechar muitos negócios sem usá-la. Propaganda não é o único caminho. Por exemplo, eu mesmo fechei acordos com a Disney, Xbox e Fox, que geraram mais de US$ 15 milhões em negócios, simplesmente mandando a mensagem certa para as pessoas certas (não me custou nada). E um grande amigo meu fechou mais de US$ 90 milhões em negócios usando a mesma técnica. Na realidade nós trocamos segredos sobre as mensagens que surtiam melhor efeito.

Você quer saber o nosso segredo? É simples – simplesmente tentamos nos colocar no lugar do outro e pensar, "o que facilitaria a vida dessa pessoa?" ou "o que faria esse cara parecer um astro de rock aos olhos de seu chefe?".

No entanto, se você quiser usar a plataforma de anúncios, tome cuidado e preste atenção na lista abaixo, uma vez que Wilcox lhe dará as melhores estratégias para utilizar o sistema em seu proveito.

QUEM DEVE USAR A PLATAFORMA DE ANÚNCIOS DO LINKEDIN?

Existem algumas características do tipo de pessoa que mais se beneficiará com o uso da plataforma de anúncios do LinkedIn:

→ Aqueles que têm grandes negócios, o que quer dizer aqueles que ganham US$ 15,000 ou mais com um negócio, cliente ou durante a vida útil de um cliente.

→ Aqueles que sabem o tipo exato de pessoas que comprará o produto. Se você pensa que qualquer um pode ser seu comprador, o LinkedIn não é a melhor plataforma de anúncios para você. Ela só faz sentido quando você tem clareza sobre o público específico visado – quando só existe um lugar para atingir em grande escala o seu consumidor.

→ Recrutadores de colarinho branco de quase todos os tipos. Se o seu negócio procura contratar um gerente de vendas, é possível mostrar anúncios em sua localização geográfica para aqueles cuja ocupação seja no momento "gerente de vendas", e então cada currículo que receber será de alguém qualificado.

→ Instituições avançadas de ensino. Caso se trate de uma faculdade de MBA que está tentando recrutar pessoas com bacharelado que estudaram jornalismo ou inglês, mas que não possuem diplomas mais avançados, é possível anunciar voltado a determinado segmento de interesses para encontrar gente que se encaixe neste critério. LinkedIn é o único lugar onde é possível fazer direcionamento nesse nível relacionado à escolaridade, o que é ótimo para universidades ou escolas tentando encontrar novos candidatos nesta categoria. Isso acontece pelo fato do LinkedIn ser a única plataforma de mídias sociais em que as pessoas realmente listam todo o histórico de sua educação. E as instituições de educação superior cumprem os requisitos da categoria de grande negócio, pois basta a faculdade obter apenas um candidato proveniente do anúncio que essa pessoa dará muito dinheiro para ela.

ESTRATÉGIA DE CONTEÚDO PARA ANÚNCIOS NO LINKEDIN

Pense nos anúncios do LinkedIn como uma fonte de um primeiro contato com clientes em potencial. E da mesma forma como se faz com o contato por meio do envio de mensagem, os anúncios devem ser usados para proporcionar valor para o cliente, antes de pedir algo a eles. Não envie mensagens pedindo diretamente às pessoas para ligar ou comprar um serviço. Deve-se começar proporcionando algo de valia para cultivar um contato e desenvolver um sentimento de confiança entre as pessoas, demonstrando que de fato você sabe o que fala. Forneça informações aos clientes em potencial para que possam solucionar um problema ou transmita alguma informação sobre como resolver determinada questão. Com essa estratégia, se ganha credibilidade e confiança, que o ajudarão a dar o próximo passo.

Mais uma vez – os anúncios no LinkedIn são caros, então é necessário alinhar-se às necessidade dos consumidores sem demora, o que é difícil, porque muitas vezes as pessoas não conhecem muito o seu negócio (pessoa assim são chamadas de "tráfego frio" para aqueles que conhecem a linguagem do marketing). A equipe de Wilcox aborda essa situação apresentando ao tráfego frio ofertas relevantes que podem facilitar seus trabalhos. É uma forma de publicidade programática (automatização dos processos, direcionando o anunciante para o público-alvo relevante) em que se oferece ao cliente algo de extremo valor em troca de seu endereço de e-mail ou outras informações pertinentes. Ao dar-lhes informações valiosas para começar, cria-se credibilidade e confiança.

Além disso, assim como na plataforma do Facebook, o intuito é criar anúncios em que as pessoas cliquem, pois ajuda a reduzir o custo no leilão. Quando se tem uma ótima amostra de conteúdo que consegue um índice incrivelmente alto de cliques, ganha-se uma pontuação melhor em relação à qualidade e relevância. Wilcox diz que, com uma pontuação alta de relevância no LinkedIn, o custo por clique pode cair em até vinte ou trinta centavos de dólar, porque a qualidade do conteúdo é de extrema importância.

É preciso dar ao público algo que tenha bastante interesse para ser clicado. O LinkedIn valoriza realmente sua comunidade e não irá impor nenhum conteúdo pobre. Se as pessoas não vibrarem com o que você exibe, ele fechará o anúncio ou reduzirá a quantidade de pessoas expostas a ele. Por outro lado, se você tiver uma ótima peça de conteúdo que estimule a participação, o LinkedIn ajudará a promovê-la.

OS TÍTULOS DOS ANÚNCIOS SÃO IMPORTANTES

Wilcox explica que o título do conteúdo é de extrema importância. O motivo das pessoas interagirem com o conteúdo, ou fornecerem seu endereço de e-mail em troca de algum download, ocorre porque elas acham que será algo de valor. Se o título for bom o suficiente para tornar as pessoas curiosas e ansiosas para saber mais sobre o seu produto, ou despertar interesse de alguma forma, mesmo que não leiam o resto do artigo, ainda assim você obterá um maior índice de conversão.

FAÇA UM TESTE A/B E HIPERSEGMENTE O SEU PÚBLICO

Assim como as outras plataformas de mídias sociais mencionadas, testar é a parte crítica da equação de aprender, experimentar e descobrir a melhor forma de interagir com o público pretendido e otimizar o orçamento de marketing. O componente mais importante a ser testado é a reação dos diferentes segmentos de público-alvo. Isso lhe ajuda a compreender que tipo de ressonância que a sua mensagem ou oferta provoca em diversas pessoas dentro de uma organização.

Wilcox diz que a melhor abordagem é testar com determinados cargos para poder mensurar e aprender que tipos de mensagens são mais eficazes para diferentes funções. Cada cargo em uma empresa tem motivações e responsabilidades diferentes, criando variações na forma mais eficaz de comunicação. Por exemplo, se um cliente disser a ele, "podemos vender nossos produtos para qualquer um da área do marketing", Wilcox lançará o mesmo conteúdo através de duas campanhas. Segmentará diretores de marketing, Virtual Private Server (VPS, Servidor Virtual Privado) de marketing e CMOS (executivo-chefe de marketing). Ele lançará o mesmo conteúdo, em campanhas separadas, para cada público-alvo, para ver como CMOS interagem com os conteúdos em comparação com os gerentes.

Wilcox acrescenta que a ocupação de cargos pode afetar a maneira como as pessoas interagem, no que diz respeito aos seus cliques e padrões de conversas. As equipes mais sofisticadas de marketing na área B2B sabem disso e acompanham cada passo de um lead. Eles estudam comportamento de leads qualificados e descobrem o que faz um negócio fracassar ou ser concluído. Se você acompanhar os comportamentos que se desenrolam no decorrer de todo o processo, poderá entrever situações fascinantes.

Talvez você descubra que os executivos chefes de marketing tem um alto índice de conversão, mas é muito difícil falar com eles no telefone; ou que gerentes são mais acessíveis, mas tem menos probabilidade de converter (compreenda que esses são apenas exemplos – é preciso testar e aprender o que funciona para o seu público e clientes em potencial. Não existe atalho nesse processo).

Então, depois de analisar os dados, talvez você descubra que embora preferisse que os executivos usassem o seu produto, talvez seja mais realista visar os gerentes para obter um maior retorno do investimento. Mas não é possível saber até dividir o público e testá-lo separadamente. No fundo, você pode ter uma suposição geral em mente, mas deve testá-la antes de investir todo o dinheiro em uma direção.

Depois de Wilcox ter descoberto qual público é melhor visar, ele começa a olhar o tamanho da imagem, extensão da apresentação, e caracteres do título. Cada um desses aspectos tem um nível distinto de importância. A imagem no anúncio é muito importante, porque se as pessoas veem a mesma imagem duas ou três vezes no seu feed de notícias irão ignorá-la sempre. Wilcox explica que é crucial mudar a imagem para manter uma aparência de novidade no anúncio e para que os índices de cliques (CTRS) não caiam com o tempo. Ele também sabe que as apresentações são superimportantes de testar, pois são o que as pessoas vão ler para ver se o seu anúncio merece um clique.

REDIRECIONANDO ANÚNCIOS EM OUTRAS PLATAFORMAS

Como 6 a 9 dólares por clique é muito caro, é preciso tirar o melhor proveito dos seus anúncios. Redirecionar pode ajudá-lo a trazer de volta o tráfego inicial que você recebeu a um preço mais barato. A equipe de Wilcox geralmente redireciona anúncios em outras plataformas. O LinkedIn possui sua própria maneira de redirecionamento, mas Wilcox confessa que os resultados são bem fracos devido ao pouco tempo que as pessoas gastam no LinkedIn, se comparado às outras plataformas. Normalmente as pessoas entram uma vez por semana para checar o seu perfil. Redirecionamento requer estar a frente do público e se manter diante do radar, e o LinkedIn simplesmente não possui esse registro. Por outro lado, com os anúncios do Facebook, você fica na frente das pessoas sempre que estiverem na mídia social, seja no Facebook ou Instagram. E com o Google AdWords, você toma a dianteira de qualquer um que esteja na rede usando o Google Display Network (GDN). Por isso, se você quiser redirecionar o tráfego, o jogo dos seus sonhos será o Facebook Ads e o Google AdWords.

É possível adquirir um lead no LinkedIn e então pegar as suas informações de criação de leads, como seu e-mail por exemplo, e fazer um upload para a plataforma de anúncios do Facebook ou AdWords para redirecionar essas pessoas. Isso melhora as suas chances de uma conversa final ou venda, e lhe permite fazer um uso mais eficaz do tráfego pelo qual pagou.

DICAS RÁPIDAS E RECAPITULAÇÃO

→ O LinkedIn é uma ótima plataforma para segmentação B2B (transação entre empresas), procurar empregos e se aproximar de pessoas focadas em negócios.

→ O nível de acesso às pessoas no LinkedIn, inclusive àquelas que podem comprar seus produtos ou lhe oferecer um emprego, é limitado apenas pela capacidade de aproximação que você tem.

→ Ao conectar-se a outros no LinkedIn, descubra como proporcionar valor. Comece com um elogio ou algo que primeiro crie uma relação. Não venda seu serviço ou produto, proporcione um valor por intermédio de seu produto ou serviço.

→ Compartilhe conteúdo no seu feed que ofereça algo de valor e inicie uma conversa. Mesmo atualizações simples, pensamentos e experiências lhe ajudam a estar presente na mente das pessoas.

→ É mais fácil viralizar no LinkedIn do que em outras plataformas de negócios, porque toda interação social (uma curtida, comentário ou compartilhamento) permite que o conteúdo seja assistido pela sua própria rede e pela rede da sua rede.

→ Por causa do nível de especificidade, principalmente na área de negócios recíprocos entre empresas (B2B), a plataforma de anúncios do LinkedIn é uma das mais caras nas mídias sociais. Em média, os cliques custam cerca de 6 a 9 dólares.

→ O tipo de pessoas que realmente se beneficiam com a plataforma de anúncios do LinkedIn inclui aquelas com renda alta que criam transações entre empresas, produtos ou serviços (ex.: de 10 mil dólares ou mais); aqueles que sabem o alvo específico de seus compradores dentro das organizações; recrutadores de colarinho branco; e recrutadores de educação superior.

→ Use os anúncios para gerar credibilidade e confiança. Ofereça aos clientes em potencial algo de extremo valor.

→ Faça um teste A/B e segmente o público para aprender mais sobre ele e o grau de eficácia do conteúdo.

- → É de grande importância mudar as imagens usadas em anúncios para que pareçam renovados.
- → É preciso testar os títulos e introduções dos anúncios, pois são eles que promovem o julgamento das pessoas se vale ou não a pena clicarem no anúncio.
- → Redirecione seus anúncios em outras plataformas como o Facebook, Instagram ou Google AdWords, para otimizar seus gastos.

12
PERSISTÊNCIA

Parabéns por ter chegado até aqui! Você agora tem uma porção de informações e ferramentas para ajudá-lo a criar o seu público e distribuir o seu conteúdo pelo mundo. Mas a jornada não acaba aqui. Eu imagino que a maioria de vocês está lendo isso porque tem grandes sonhos e objetivos que procura realizar. Não falo de subir girando, explodir e depois desaparecer como um fogo de artifício. E sim de virar uma estrela guia – uma entidade que as pessoas não param de buscar.

É preciso se tornar uma marca, um nome que as pessoas conheçam e em quem confiem. Joivan Wade acha que a maneira principal de garantir a persistência da marca é ser merecedor da confiança alheia. Isso é fundamental em tudo. As pessoas precisam saber o que você representa, quais os seus valores, o que o motiva – o arcabouço mental por trás da maneira como você cria produtos e serviços. Então vamos examinar como se pode criar permanência, relevância e credibilidade para estabelecer uma marca duradoura e forte.

É POSSÍVEL

Primeiro, é preciso saber que é possível se tornar um nome de destaque, amplamente conhecido. Sonhe grande! Prince EA explica que o piloto às vezes escolhe uma rota ao norte de seu destino; se voar em linha reta, pousará abaixo de onde pretende chegar. Ele explica que se trata de uma boa analogia para a vida e para o trabalho. Se formos demasiado realistas, acabamos pessimistas, mas se visamos a lua, acabamos nas estrelas (que é exatamente aonde queremos chegar). O célebre jogador de hóquei Wayne Gretzky teria dito: "Eu nunca patino para onde o disco está; patino para onde o disco vai estar".

Vá além do que você acha possível. Visualize algo maior do que você julga poder alcançar. Prince EA diz que seu desejo é sacudir o mundo. Não é preciso saber como, e sim que é possível. Muita gente acaba travada por não acreditar na própria capacidade.

Ele também acrescenta que primeiro é preciso haver crescimento pessoal, somente depois é possível ter sucesso profissional. Quando você compreende quem você é, então está na posição de oferecer o seu dom ao mundo. Mas não é possível dar o que não temos. Razão pela qual o aperfeiçoamento pessoal e a compreensão de si mesmo são tão importantes.

FOQUE EM QUEM VOCÊ É

Todo mundo tem um dom para compartilhar com o mundo. Para descobri-lo, fique quieto, ouça a sua intuição e saiba que você é completo como pessoa, do jeito que é. Continue a olhar para dentro e se pergunte o que o faz ser único, por que está aqui e o que tem a oferecer.

Prince EA fornece as seguintes perguntas para você descobrir mais sobre você mesmo, que também podem ser aplicadas à sua marca:

- → Por que estou neste planeta?
- → O que posso dar aos outros?
- → O que me faz feliz?
- → Se eu só tivesse mais 5 anos de vida, o que faria?
- → Se eu tivesse só 1 ano de vida e soubesse que qualquer coisa que eu fizesse seria um sucesso certo, o que eu faria?

Responder a essas perguntas acima pode realmente ajudá-lo a compreender com que finalidade você está aqui, a crer que é possível alcançá-la, e ajudá-lo na concretização de seu trabalho e na criação de sua marca.

Nate Morley, fundador do Works Collective e um dos maiores estrategistas de marca dos Estados Unidos, já trabalhou em algumas das maiores agências do mundo, inclusive na 72andSunny e na Deutsch Los Angeles. Também trabalhou no marketing global da marca Nike, e como executivo-chefe de marketing na Skullcandy e DC Shoes. Na DC Shoes, Morley ajudou a criação inovadora de um novo conteúdo de marca – a série icônica "Gymkhana" de filmes, que já foram vistos bem mais que 500 milhões de vezes. Só o "Gymkhana Three" foi assistido 65 milhões de vezes, sem apoio pago.

Morley diz que quando se cria uma marca, há uma diferença entre o que ela é, e o que ela faz. "A maioria das pessoas pensa na Nike como fabricante de calçados, mas ela não é", diz ele. "Nike é uma companhia de desempenho esportivo, que faz calçados como uma maneira de inspirar e viabilizar o desempenho humano. A expressão desse desempenho (calçados) mudou drasticamente no decorrer dos últimos 40 anos, mas a Nike como marca, não. A Nike começou como companhia de desempenho esportivo, assim como é hoje, e será no futuro."

É difícil criar uma marca. Há uma porção de fabricantes de calçados, mas só existe uma Nike.

Morley diz que depois de saber quem você realmente é, passa a ter capacidade de fazer uma porção de coisas diversas e atrair uma porção de pessoas diversas. Ele aplica esta abordagem no seu trabalho com companhias, em todas as etapas. "A maioria das empresas iniciantes são hiperfocadas em criar produto e chegar ao mercado – e isso é bom", continuou ele. "Mas chega uma hora em que a companhia precisa mostrar quem ela é, antes de mostrar o que ela fabrica ou como atua. O que você fabrica ou como atua é uma expressão de quem você é enquanto marca".

A Chatbooks é uma empresa que imprime portfólios a partir de fotos tiradas pelas próprias pessoas, e de fotos que constam de suas contas na mídia social. Como membro do conselho consultivo, Morley ajudou a Chatbooks a perceber que ela não era uma empresa gráfica – e sim uma companhia para "a preservação do que é memorável", que existe para inspirar e possibilitar a preservação dos momentos e das pessoas que marcaram a vida do cliente. A maneira como o faz é imprimindo portfólios, mas não é isso o que ela é no fundo. Morley explica, "esta visão permite que ela desenvolva o seu produto e o seu serviço, se assim quiser, sem mudar o que ela é como marca".

Tornar-se uma marca também reforça a nossa permanência em um mundo em transformação. Por exemplo, se você tem uma companhia de processadores que fabrica o melhor processador do mundo, mas só isso, então se alguém que fazia o segundo melhor processador passar a produzir o melhor, a sua companhia perde importância. É por isso que as melhores companhias do mundo fazem propaganda para vender os seus produtos como expressão do que eles são como marca. As melhores marcas sabem como é importante investir recursos exclusivamente na criação da própria marca.

Morley desenvolveu várias campanhas para a Target que não mostrava em absoluto os seus produtos. O objetivo das campanhas era simplesmente fazer que as pessoas achassem a Target estilosa, legal, acessível, divertida. A maioria dos artigos vendidos pela Target pode ser adquirida em qualquer canto, mas as pessoas querem comprá-los de uma marca que elas amam.

SEJA SÍMBOLO DE ALGO MAIOR

A jornalista Katie Couric acredita que quem aprender a aliar a força da tecnologia com a arte narrativa, terá mais sucesso ao longo prazo. As possibilidades são infinitas, porém a competição para atrair atenção é mais intensa do que nunca. O desafio é atrair atenção e ao mesmo tempo se manter fiel aos seus princípios. E também é preciso ter uma estratégia; do contrário, você pode criar um ótimo conteúdo que ninguém verá.

Os influenciadores precisam prestar atenção ao mundo em torno deles, e não apenas promover novos produtos ou serviços. As pessoas precisam se tornar marcas em si e de si mesmas, que representem algo mais importante. Couric acha que isso é o que realmente fomenta a amplificação das mensagens.

CRIE UMA MARCA EM TORNO DE VOCÊ MESMO

Phil Ranta do Studio 71 diz que uma das áreas focadas pela sua empresa é a criação de marcas em torno dos seus fundadores, de modo que disponham de uma rede de segurança para uma longa carreira. Na área do entretimento, é muito raro qualquer celebridade durar muito fazendo apenas uma coisa só, especialmente na empresa de Ranta, voltada principalmente para o pessoal jovem. De modo geral, os jovens querem interagir com outros da mesma faixa etária. Por isso ele quer ter certeza que seus clientes conservem seu público, mesmo passada essa fase.

Para continuar relevante, é importante criar a marca em torno de você – deste modo você é que importa, mais do que o simples conteúdo que acabou de criar momentaneamente. Rhett & Link (sobre quem falamos no capítulo sobre o YouTube) são um grande exemplo disso. Depois de criarem o "Good Mythical Morning", começaram o "Good Mythical Crew", focado no pessoal que trabalha no seu programa matinal. Não só Rhett & Link são personalidades por si mesmas, mas também apresentam aos seus fãs uma porção de outras pessoas, para poderem continuar a crescer. Hoje eles têm quinze personalidades, que todos amam, trabalhando com a sua marca. É sempre inteligente evoluir e extrapolar o fato de ser o criador exclusivo.

UTILIZE MÚLTIPLOS CANAIS

Chris Williams, da pocket.watch, explica que ter alcance não é a mesma coisa que ter uma marca. Obter 1 milhão de seguidores no Facebook ou 50 mil visualizações de um vídeo não significa que você possui uma marca. Até mesmo 800 milhões de visualizações por mês não garantem o reconhecimento de um nome.

Para transformar um grande número de seguidores em uma marca, Williams recomenda atingir as pessoas a partir de múltiplas situações. Ele acha que o astro do YouTube Jake Paul transcendeu sua marca digital porque participou do programa "Bizaarvark", no canal Disney. Não fez isso por dinheiro – e sim porque sabia que iria incrementar a sua marca se aparecesse em mais plataformas. Quando as pessoas começam a vê-lo em múltiplos cenários, é quando você começa a criar a sua marca. E se, por outro lado, elas o associam a uma só plataforma, isso geralmente não basta.

Ray Chan da 9GAG concorda e diz que o objetivo deve ser criar uma marca consistente à medida que se conquista novos usuários. Informe-os e anime-os a espalhar o que a marca significa. Informe-os que você está em outros canais, de modo que eles possam se engajar com você de múltiplas maneiras.

CRIE SUAS OPORTUNIDADES

Wade resolveu criar seu próprio programa humorístico porque, apesar de querer entrar para a BBC e o Comedy Central em busca de uma oportunidade, depois de se formar em teatro, percebeu que isso não era realista. Pelo contrário, assumiu a responsabilidade de criar o próprio conteúdo e fez um espetáculo que ele mesmo distribuiu on-line. Ao fazê-lo, ele provou um conceito – conseguiu uma prova da aceitação social em massa devida à quantidade de visualizações do conteúdo on-line. Em virtude do desempenho extremamente bom do seu conteúdo, conquistou credibilidade e legitimidade para entrar em contato com as grandes redes e conseguir grandes contratos.

Ele explica que é preciso convencer os grandes canais que o seu conceito dará certo. "Crie seu próprio zumbido que as abelhas o seguirão", diz Wade. Quando você cria algo próprio, todo mundo começa a aparecer – há um influxo, uma enxurrada de gente que virá apoiar você e suas ideias.

Wade obteve milhões de visualizações nos seus programas e esquetes digitais, antes de procurar a BBC para mostrar que a sua criação estava dando certo. Eles lhe deram um programa. Ele acha que qualquer um que está começando a criar a própria marca deveria assumir ele mesmo essa tarefa. Ninguém vai lhe dar nada fácil, por isso dê duro para criar as suas próprias oportunidades.

CRIE A SENSAÇÃO DE LAÇOS ESTREITOS

David Oh, da FabFitFun, explica que você precisa valorizar e se dedicar ao seu relacionamento com os clientes e fãs. Adquire-se permanência através do relacionamento estreito com o público. Obter 1 milhão de seguidores não significa nada se você não se relacionar e preservar o contato com eles.

Você pode fomentar um relacionamento melhor reagindo e travando relações com as pessoas que comentam as suas postagens – isso cria um laço com a sua empresa, cuja autenticidade é sentida pelas pessoas. A FabFitFun tem um fórum em que as pessoas podem fazer as perguntas que quiserem e Oh comparece pessoalmente para conversar com os clientes. Isto deu grande valor à empresa. Oh explica que muitas marcas têm medo de fazê-lo, mas ele sabe que grandes empresários como Steve Jobs e Bill Gates já entraram on-line e fizeram isso.

Ele também acrescenta que as melhores críticas provêm dos amigos. Se você tratar seus fãs como amigos, é provável que eles te deem bons conselhos e ideias. Podem lhe dizer o que gostam na sua empresa ou página, e ajudá-lo a melhorar com tempo.

NÃO EXISTE SEGREDO DO SUCESSO

Chan explica que não adianta forçar o sucesso por meio de truques ou expedientes fracos, como cuidar da hora em que você posta ou aproveitar hashtags de sucesso. A maioria dos usuários é inteligente e se ela procura uma hashtag e vê um conteúdo irrelevante, não seguirá a sua conta. Espertezas podem ajudar um pouquinho no começo, mas a receita secreta do sucesso é muito simples e direta – criar na sua plataforma a melhor experiência para os usuários.

Chan explicou que ele aprendeu muita coisa sobre esse processo observando os filmes de que ele gosta. Reparou que a Marvel tem toneladas de filmes de super-heróis ultra populares. Em virtude disso, a DC Comics tentou replicar o modelo da Marvel. Mas quando você olha a bilheteria, os filmes da DC Comics não fazem tanto sucesso quanto os filmes da Marvel. Ele percebeu que o elemento mais importante não era o próprio super-herói. Se você olha mais profundamente, percebe que os filmes da Marvel combinam partes extremamente engraçadas com momentos sinceros sobre problemas familiares e de relacionamentos humanos.

Geralmente faltam aos filmes da DC esses aspectos. A DC tentou dar um jeito – a popularidade dos super-heróis – enquanto o segredo era apenas ótimo conteúdo que se conecta com as emoções das pessoas.

ADAPTE-SE A PLATAFORMAS EM TRANSFORMAÇÃO ATRAVÉS DO APRENDIZADO E DOS TESTES

Chan acha que ter excelência nas mídias sociais é difícil porque você precisa se destacar e conservar a sua relevância, apesar da constante transformação a que está exposto o panorama das plataformas da mídia social. Novas plataformas surgem de poucos em poucos anos, que o obrigam a trabalhar duro para se adaptar.

Wade concorda sobre a existência dessa volatilidade constante e a necessidade de navegar por essas mudanças, exatamente o que criar uma marca o ajuda a fazer. A criação de marca é uma das maneiras pela qual você pode lidar com os altos e baixos a curto prazo no comportamento do consumidor, ou com as mudanças culturais e pressões da sociedade.

Chan acha que um dos grandes fatores de seu sucesso contínuo é que a sua equipe vive aprendendo e testando para descobrir novas maneiras de melhorar. Os princípios fundamentais da narrativa, de entreter e se aproximar das pessoas através do conteúdo se mantiveram os mesmos, mas o aprendizado, a repetição e os testes dizem respeito a moldar esse conteúdo num formato específico para cada plataforma.

Por exemplo, no início de 2018 o Facebook anunciou que faria uma importante mudança no seu feed de notícias – focando na exibição de mais conteúdo a respeito da família e amigos, em vez de conteúdo das marcas e empresas de mídia.[25]

---

25 Kurt Wagner, "Facebook Is Making a Major Change to the Feed News That Will Show More Content from Friends and Family and Less from Publishers", *Recode*, 11 de janeiro de 2018. Disponível (em inglês) em: <https://www.recode.net/2018/1/11/16881160/facebook-mark-zuckerberg-news-feed-algorithm-content-video-friends-family-media-publishers>. Acesso em: 10 de fevereiro de 2020.

Isso torna as minhas estratégias de aproveitamento da plataforma de anúncios até mais importantes para se manter relevante nesse canal. Muitas empresas podem ter sofrido se não compreenderam o valor da utilização da mídia paga para conseguir destaque. O marketing orgânico ficou mais difícil do que antes para as marcas e empresas de mídia, no Facebook.

Uma (mas não a única) maneira de se adaptar a esse tipo de mudança é aproveitar as estratégias de publicidade proporcionadas por este livro e ter integridade e criatividade em relação ao conteúdo que ele oferece. Se o seu conteúdo não for altamente compartilhável, não será absolutamente visto. Esta mudança é apenas um exemplo de como as mídias sociais exigem que você trabalhe duro, e mantenha as suas estratégias atualizadas.

VÁ EM FRENTE

A todo mundo é dada uma meta e um talento que pode ajudar a cumpri-la. Você pode criar uma empresa aproveitando qualquer capacidade que tenha. Basta descobrir como proporcionar algum valor para os outros. Siga o seu instinto. Se tiver um sonho sem o qual sente que é impossível viver, por que desistir de realizá-lo? Só sairá perdendo, se desistir.

Wade nos encoraja a viver a vida de modo melhor e mais autêntico. Não há motivo para não sermos totalmente felizes. Se há uma voz dentro de você que diz, "eu adoro fazer isso e quero fazê-lo pelo resto da vida", então que nada o impeça. Mesmo se nunca "chegar lá", é melhor correr atrás do sonho do que levar uma vida acomodada fazendo algo que não gosta.

Wade nos adverte que temos uma vida só. Pegue-a e faça alguma coisa que lhe dê prazer. Faça todo o possível para transformar seu sonho em realidade. Se você não criar o seu sonho, alguém vai contratá-lo para criar o sonho dele.

Jonathan Skomo, da Jukin Media, adverte os empresários que o sucesso não é uma corrida, e sim uma maratona. Só porque você não está montado em um foguete, não quer dizer que não esteja avançando. E só porque esteve montado em um foguete em determinado momento, não quer dizer que isso vai durar para sempre, porque o combustível de todo mundo acaba. Ele o aconselha a dar tempo ao tempo, a não ter pressa, e a testar todos os componentes do seu negócio até descobrir a combinação que dá certo.

Produza alguma coisa, teste e aprenda pela experiência, e reproduza o que deu certo. Trata-se de uma longa caminhada. Não aja no curto prazo; aja no longo prazo. Wade nos avisa que a paciência é o mais importante, algo que a maioria não aprecia muito. Para ter relevância duradoura, é preciso começar hoje mesmo, mas esperar os pequenos sucessos só com tempo. Se você fizer algo pequeno, mas com continuidade, o efeito é enorme.

Comece com um vídeo ou uma peça de conteúdo dia sim, dia não, e depois com um vídeo todo dia. Com tempo e paixão, você criará algo de valor. Um ano depois, você estará numa posição a que nunca imaginou chegar. Comece hoje a viver o seu sonho.

DICAS RÁPIDAS E RECAPITULAÇÃO

- Vise a lua.
- Compreenda quem você é para poder doar o seu dom ao mundo.
- Criar uma marca proporciona uma rede de segurança para uma carreira mais longa.
- Embarque em múltiplas plataformas para criar a sua marca.
- Há uma diferença entre o que você é, e o que você faz. Foque no que você é para ter sucesso duradouro.
- Seja merecedor de confiança. A confiança é fundamental em tudo.
- Crie fortes laços com seus clientes; trate seus fãs como amigos.
- Crie para os clientes a melhor experiência na sua plataforma.
- Adapte-se à plataformas em transformação por meio de testes e aprendizagem.
- Crie suas próprias oportunidades. Se você criar seu próprio zumbido, as abelhas o seguirão.
- Só há uma maneira de fracassar – desistir.
- Faça todo o possível para transformar seu sonho em realidade.
- Dê tempo ao tempo. Não tenha pressa. Lembre-se de fazer testes.
- Tenha paciência.
- Comece hoje a viver seus sonhos.

AGRADECIMENTOS

Antes de tudo gostaria de agradecer a meu agente literário, Bill Gladstone. Sem ele este livro não seria possível. Bill, é realmente incrível que alguém da sua estatura, que já foi representante de obras que venderam o equivalente a US$ 5 bilhões, reservou tempo para encampar este projeto e minha carreira como autor. Obrigado pelo apoio constante; espero trabalhar com você em outros livros no futuro.

Latham Arneson, obrigado por ser um ótimo amigo. Sempre amei trabalhar com você na Paramount Pictures, principalmente quando tínhamos conversas profundas e importantes sobre como chegar a resultados máximos em todos os filmes em que trabalhamos. Espero continuar tendo essas conversas com você. Mais uma vez, obrigado por fazer parte deste livro.

Erick Brownstein, eu realmente aprecio todos os *insights* e orientações que você me deu ao longo dos anos. É incrível ver tudo que alcançou, mesmo no pouco tempo que nos conhecemos. O que sua equipe faz na Shareability é realmente extraordinário – foi muito generoso de sua parte oferecer *insights* valiosos para os leitores deste livro, acerca de como criar conteúdo mais significativo e valioso.

Eamonn Carey, muito obrigado por todas as conversas inspiradoras que tivemos ao longo desses anos, especialmente ao discutirmos o panorama global do mundo digital e dos negócios. Nos últimos 10 anos, aprendi tremendamente com a informação que você compartilhou comigo.

Obrigado Ryan Chan, da 9GAG; realmente aprecio o tempo em que compartilhou comigo e para este livro, a sua sabedoria. Não tenho dúvida por que 9GAG tornou-se tão bem-sucedida. As diversas lições importantes que forneceu para este livro podem ajudar qualquer um a ter uma trajetória de crescimento e estratégia social.

Para Ken Cheng, obrigado por ser um amigo e colaborador maravilhoso ao longo dos anos. É sempre empolgante discutir com você sobre diversos conceitos, estratégias e modelos de negócio.

Katie Couric, muito obrigado. Trabalhar com você nesses últimos 3 anos tem sido excepcional – um verdadeiro prazer e uma honra. É sempre divertido colaborar na criação de entrevistas envolventes e espero que continuemos a trabalhar juntos. Além disso, aguardo com expectativa o conteúdo transformador que virá de você nos próximos anos.

Obrigado Julius Dein pelo seu tempo, ao conceder uma entrevista no Web Summit. É verdadeiramente notável o nível de crescimento que atingiu. A premissa deste livro começou em como conseguir 1 milhão de seguidores em trinta dias, mas você elevou isso a outro nível, gerando 15 milhões de seguidores em quinze meses. O crescimento contínuo de seu conteúdo e sua capacidade de viralizar é inigualável, no meu ponto de vista.

Pedro D. Flores, tem sido incrível te conhecer conforme passam os anos, é difícil acreditar que 10 anos atrás criamos uma das primeiras companhias de influenciadores do YouTube (sobre o filme *Adrenalina* com Jason Statham). É sempre divertido assistir o conteúdo produzido por você e a sua criatividade – você é um dos verdadeiros criadores originais no YouTube.

Tim Greenberg, obrigado pelo tempo que dedicou para colaborar com este livro. Sempre aprendo enormemente com a sua abordagem incrivelmente inovadora para fomentar a comunidade global da Liga Mundial de Surf.

Obrigado Phil Ranta. Nossos encontros sempre são motivadores – mesmo lá atrás, no início, quando trabalhávamos na Fullscreen. O que você atingiu até agora nesta indústria é fenomenal. Sempre aprendo com você, e quero que saiba que tudo que compartilha é realmente apreciado. Você é uma das pessoas mais inteligentes que conheci na indústria do entretenimento e cada palavra que sai da sua boca é poesia. Gostaria de lhe agradecer por sua orientação contínua e conversas profundas que tivemos, não apenas sobre o mundo digital e indústria de entretenimento, mas também sobre a vida em geral.

Mike Jurkovac, obrigado. Tem sido incrível trabalhar junto com você nos últimos 8 anos, começando com a nossa colaboração na Fashion Trust para Adriana Lima, e agora para VAST. Aprecio de verdade as nossas colaborações e espero desenvolver juntos mais projetos inovadores.

Obrigado Jeff King. Seus ensinamentos sobre o Process Communication Model (PCM) transformaram minha vida. Sou grato por todo o apoio e orientação. Amo suas conversas sobre comunicação e como isso não impacta somente os negócios, conteúdo e mídias sociais, mas também nossas vidas cotidianas. O PCM e sua presença na minha vida e carreira têm sido muito importantes.

Para Rob Moran, obrigado pela amizade e contínua orientação. Tem sido maravilhoso trabalhar com você nos últimos anos e espero colaborar e trabalhar junto contigo em breve.

Nate Morley, a sua inteligência e experiência em *branding* são inigualáveis para mim. Vejo o *branding* como um dos fatores mais cruciais para o crescimento duradouro. Quer trabalhando com a Nike, Skull Candy ou DC Shoes, você sempre encontra as maneiras mais inovadoras de criar conteúdo atraente que engaje e impacte o público-alvo. Obrigado pelo conhecimento transmitido em cada conversa que tivemos.

Obrigado pela sua contribuição, David Oh. Eu digo às pessoas que você é o marqueteiro de internet mais esperto que conheço. Seu nível de expertise, experiência e *insights* é realmente inigualável. Aprendo uma quantidade gigantesca de coisas toda vez que nos falamos, e sempre fico maravilhado com o crescimento que atinge em todas as empresas que construiu ao longo dos anos. O crescimento impressionante que FabFitFun alcançou não pode ser atribuído à sorte, mas ao seu *insight* e experiência. Aguardo colaborações em projetos futuros.

Para Kario Salem, sua amizade significa muito para mim. Gosto sempre das nossas conversas e torço pelo seu crescimento contínuo, não apenas como roteirista, mas também como músico. Trabalhar e colaborar com você em campanhas de mídias sociais para mostrar sua música é divertido e empolgante.

Jonathan Skogmo, obrigado. É inacreditável que nos mudamos juntos de Chicago para LA e você criou Jukin Media no apartamento onde morávamos na época. Ver seu crescimento pessoal e o de sua empresa é surpreendente. Quando entro no seu escritório fico inspirado e orgulhoso dos feitos de sua empresa. Caminhamos juntos um bom pedaço do caminho.

Obrigado Joivan Wade. Nossas conversas são realmente maravilhosas. Conhecer alguém do outro lado do mundo com a mesma inclinação mental e objetivos que eu é realmente empolgante. Sempre amo seus *insights* inspiradores e anseio por colaborações futuras.

Para AJ Wilcox, obrigado. O que atingiu com o LinkedIn é notável. Gerenciar mais de US$ 100 milhões de gastos na plataforma LinkedIn é um verdadeiro testemunho do seu nível de expertise e conhecimento. Sempre gostei de nossas conversas e aguardo ansioso futuras colaborações.

Chris Williams, você é uma pessoa verdadeiramente sensacional. Lembro a primeira vez que nos vimos, você era ainda o gerente de comunidade do Maker Studios – soube então que você é um dos caras mais inteligentes da área digital. Seus *insights* foram inestimáveis para este livro e para o meu próprio conhecimento e crescimento. O crescimento e escala que você atingiu em tão pouco tempo com sua nova empresa, pocket.watch, é realmente inspirador.

Gostaria de agradecer a Prince EA. Obrigado pelo seu tempo e por compartilhar sua sabedoria em entrevista para este livro, e por me influenciar com sua abordagem motivadora e inspiradora de produzir conteúdo digital. O que você alcançou em tão pouco tempo é realmente notável. Ao criar alguns dos vídeos mais virais do planeta, você nos ensina a criar ótimo conteúdo social e como viver de forma positiva e impactante.

Colhi conhecimentos e *insights* de todos os entrevistados que dedicaram seu tempo a este projeto, muitos foram mencionados acima. Sou verdadeiramente grato por todo seu tempo e participação. Um agradecimento especial a todos que participaram, incluindo Christy Ahni, Anthony Arron, Chris Barton e Chris Carmichael.

Para a equipe do BenBella, obrigado por sua dedicação ao aprimorar o conteúdo deste livro e prepará-lo para o mercado. Um agradecimento sincero para toda a equipe e especialmente para Glenn Yeffeth, Vy Tran, Sarah Avingner, Adrienne Lang e Jennifer Canzoneri.

Obrigado aos brilhantes membros da minha equipe do OPTin.tv. Nosso crescimento não seria possível sem o seu trabalho árduo incessante e dedicação.

Uma saudação especial para Shant Yegparian, Dave Siedler, Strahil Hadzhiev e Mike Seager.

Tara Rose Gladstone, muitíssimo obrigado por todo seu apoio para gerar este livro; definitivamente isso não seria possível sem você. Tem sido um processo notável trabalhar ao seu lado – existem altos e baixos, mas acho que o produto final realmente tornou-se excelente devido ao seu esforço, dedicação e o tempo. Realmente aprecio e anseio colaborar com você em projetos futuros.

E por último, mas não menos importante, gostaria de agradecer a Geyer Kosinski, Gary Lucchesi, Antony Randall, Pete Wilson, Brian McNelis e Richard Wright por sua tutoria ao longo dos anos. Aprecio verdadeiramente suas orientações e constante apoio.

Fontes TIEMPOS, ACTION
Papel ALTA ALVURA 90 g/m²
Impressão RR DONNELLEY